Wolfgang Duffner
Helles Haus vor dunklem Grund

Menschen fielen mir ein,
Von denen ich einmal fortgegangen war.

Rainer Maria Rilke

WOLFGANG DUFFNER

HELLES HAUS VOR DUNKLEM GRUND

EINE KINDHEIT AUF DEM RANDEN
IM DRITTEN REICH

Rosgarten Verlag

Für Sigrid und Cristina

Die Deutsche Bibliothek – CIP-Einheitsaufnahme
Duffner, Wolfgang:
Helles Haus vor dunklem Grund: eine Kindheit auf dem Randen im Dritten Reich / Wolfgang Duffner. – Konstanz: Rosgarten-Verl., 1991
ISBN 3-87685-132-7

ISBN 3-87685-132-7

Gesamtherstellung:
Druckerei Konstanz GmbH, Konstanz
Einbandgestaltung: Theodor Wenger, Konstanz
Einbandvorderseite: August Macke, »Gartentor«, 1914, Westfälisches Landesmuseum Münster

1

Nicht, daß ich der Vergangenheit davonlaufe, aber was geschehen ist, ist geschehen, und dann kehren wir zu jenem Ort zurück, von dem wir einmal aufgebrochen sind: Du verläßt die Autobahn gegen jede Absicht, liegt's am Abbiegerhinweis, der deutlicher erscheint denn je, ist es die Sonntagsmüdigkeit, die Wärme im Blut, die Stimme im Radio, gehst vom Gas herunter, fährst in eine andere Richtung, dann noch einmal ein Hinweis, ein Pfeil, der Name eines Ortes, und bevor du dich versiehst, bist du schon im nächsten Ort. Wie ich ankomme, fängt es an zu dunkeln, und ich halte an, ohne auszusteigen, schaue hinab: das Tal, das Haus hinter den Bäumen, der Hang, der zum Wald hinaufführt, tiefblau der Himmel. Auf einmal hört es auf zu dunkeln, weil es ja nie ganz dunkel wird in solchen Gegenden, nicht mal in mond- und sternenlosen Nächten, heute wie damals. Es sind dreißig Jahre her oder einunddreißig, daß ich da oben stand, aber nicht, um ins Tal hinabzufahren, sondern um mich davonzumachen. Vielleicht hielt ich gar nicht, warf nicht mal einen Blick zurück, nachdem ich alles hinter mich gebracht hatte: die Trauerfeierlichkeiten, das Begräbnis, die Erbschaft. Das einzige Problem schien das Haus zu sein, in das er, Felix, der Glückliche, der Archäologe, mein Vater, sich für immer zurückgezogen, nein eingegraben hatte, und Julia, die sich bis zuletzt um ihn gekümmert hatte, indem sie ihm regelmäßig den Staub von den Regalen wischte und ihm einmal am Tag ein warmes Essen machte, bekam das Haus, so wenig hing Franziska daran, der es zugestanden hätte. Alles, was Julia zu tun hatte, war, das Haus am Leben zu erhalten, seinetwegen.

Man begrub ihn oben im Dorf, obwohl er gewünscht hatte, hinter dem Haus begraben zu werden. Es waren nicht viele Leute da. Die Wissenschaft hatte seinen Namen längst vergessen, wenn sie ihn überhaupt je zur Kenntnis genommen hatte, und der Doktor, der trotz Zittern in den Händen immer noch praktizierte, bemerkte in seiner kurzen, verwunderlichen Rede – da standen die Leichenträger schon unter der Tür –, daß der Tote schon eine ganze Weile unterwegs gewesen sei und noch ein schönes Stück Wegs zurückzulegen habe. Dann trugen sie den Glücklichen hinaus, und draußen, im hellen mittäglichen Licht, stand sie, Franziska, seine Frau, meine Mutter, noch immer jung und voller Anmut und Wärme und scheinbar ohne Trauer, ein Engel in der Sonne. Ich weiß nicht, woher sie von seinem Tod erfahren hatte, sie blieb, bis der Sarg hinabgelassen wurde. Ich habe sie nicht wiedergesehen.

Bald darauf ging auch ich. Ich stand damals in wichtigen Verhandlungen, und ich gestehe, daß meine Gedanken von der Trauerfeier immer wieder abschweiften. Ich war froh, als ich im Auto saß. Ich führte die Verhandlungen zu einem guten Ende. Damals war ich Kompagnon in einem angesehenen Anwaltsbüro, Wirtschaftssachen, lauter Schweinereien, ich war jung und strebsam, die Chancen standen gut, aber einmal zögerte ich eine Sekunde, schon war ich draußen. Ich machte mich selbständig. Ein großes, weißgetünchtes Büro, drei Telefone, vierzig dicke Leitzordner, eine Vorzimmerdame, zwei Büromädchen, ich kann mich nicht beklagen.

Ich stehe vor der Gartentür, die die gleiche ist. Ich blicke den Kiesweg hinauf, der zum Haus führt; das Fenster neben der Tür, hinter dem das einzige Licht brennt. Ich stehe da und horche, vielleicht, daß jemand aus der Tür tritt. Ich gehe den Kiesweg hinauf, nähere mich dem Hauseingang. Ich entziffere die Schrift, die noch im Dunkel lesbar ist: Pension und Gästehaus. Ich schaue in den Garten, die Umrisse der Sträucher, der Kastanie, der Duft von geschnittenem Gras. Ich habe genug gesehen, ich könnte gehen, ich weiß ja nicht mal, was ich hier zu suchen habe. Ich läute. Das passiert mir nicht oft, daß ich mich gehen lasse, nicht in diesem Beruf, nicht in diesem Alter, in dem man sich nicht mehr allzu viele Fehler leisten darf. Schritte, die Tür, ein Spalt breit geöffnet, dahinter das Gesicht eines Mädchens, das mich mit einer Mischung aus Neugier und Mißtrauen beobachtet. Um es zu beruhigen, rühre ich mich nicht. Als es öffnet, verlange ich nach einem Zimmer. Ich muß wirklich verrückt sein. Das Mädchen, das mich ansieht, als hätte ich etwas Unanständiges von ihm verlangt.

»Wir vermieten nur die Wohnung.«

»Die Wohnung?«

»Die Wohnung im ersten Stock.«

Ich trage meinen Namen ein, lasse mir die Schlüssel geben.

Die Blicke des Mädchens.

»Ihr Gepäck?«

Sie ist noch keine zwanzig, kühl ihre Stimme.

»Ich habe kein Gepäck.«

Ob ich Kaffee oder Tee zum Frühstück wolle.

Das Treppenhaus.

Es ist die gleiche Treppe, nur frisch gebohnert, und gewachst. Ich steige hoch, der Geruch von Holz und Leim und Farbe, das leichte Knarren beim Gehen, ich gehe langsam, hellhörig, als ließe sich selbst ein Gehen wiederholen. Der Flur oben hell erleuchtet, ich bilde mir ein, daß es der gleiche ist, die Verkleidung, der Boden, das Licht, der Geruch der Jahre, und der Klang der Schritte von gestern ist der Klang der Schritte von heute.

Mit dem Ende des Flurs fange ich an: das Wohnzimmer, ein Tisch, vier Stühle, ein Büffet, die Wanduhr, die still steht, das Klavier, darauf ein paar lose Blätter, ein Wandkalender, daneben zwei, drei Fotos. Ich setze mich an den Tisch, betrachte die leeren Wände, warte auf den Schlag der

Wanduhr, der nie kommen wird, während vom Zimmer des Mädchens laute Musik heraufdröhnt. Das Zimmer gegenüber, großzügig Lesezimmer genannt, das mir so klein, so unbedeutend erscheint; ich bleibe unter der Tür stehen: ein Bücherschrank, fast leer, auf dem kleinen Resopaltisch Zeitschriften, Die Illustrierte Hauszeitung, Quick, Spiegel, ein Dominospiel; wo Franziskas Grammophon stand: ein Radio, darüber ein Druck von der Großherzogin und ihren Kindern, neben der Tür das Poster einer Popsängerin. Das Schlafzimmer: das Bett, Franziskas Frisiertisch. Das Zimmer des Glücklichen: leer. Am Ende mein Zimmer: Ich öffne die Tür, aber mache das Licht nicht an; ich versuche, mich zu erinnern: das Bett auf der linken Wandseite, der Tisch vor dem Fenster, auf der rechten Seite der Kleiderschrank, ich mache das Licht an, es hat sich nichts geändert. Ich öffne den Schrank, die Tischschubladen, die leer sind. Wenn ich das Fenster öffne, sehe ich den Wald überm Hang, darüber der nachtblaue Himmel. Auf einmal bricht die Musik ab, dann höre ich unter mir die Tür gehen, der Schatten des Mädchens auf dem Kiesweg, die Gartentür, die zugeschlagen wird, dann bin ich allein in meinem Haus. Ich lege mich aufs Bett, versuchsweise, es muß das gleiche sein, sehr weich und viel zu schmal.

Ich schlafe augenblicklich ein.

2

Einmal, wenn ich, noch im Halbschlaf, das Gurren der Tauben vom Wald herüber höre, diese lockenden, sehnsüchtigen Rufe, scheint es, als wäre ich immer dagewesen und das ganze Leben nichts als ein heller Morgen und der Abschied eine Legende.

Ich halte die Augen geschlossen und horche. Das Geklapper von Kaffeetassen, die Schritte auf der Treppe, die vor der Tür anhalten, eine kurze Stille, das Klopfen an der Tür, Julias Stimme, unverkennbar, ihre Stimme: hell und unbekümmert wie vor dreißig Jahren.

Dann bin ich hellwach, kleide mich an, steige die Treppe hinab. Sie umarmt mich.

Ihr kleines, rundes Gesicht, ihr graues Haar, ihre hüpfenden Augen, denen nichts entgeht.

Julia, die eines Tages vor der Tür stand und fragte, ob sie helfen könne, weil Franziska krank war und weil das Haus so groß schien und der Garten und weil der Glückliche nie nein sagen konnte. Also kam sie beinahe jeden Morgen, auch dann, als Franziska wieder gesund war, blieb bis zum Mittag, manchmal bis der erste Abendzug zu hören war. Sie hatte schon damals graue Haare und eine Schwester in Appenzell, die sie zweimal im Jahr besuchte, und die Erinnerung an einen Mann, der sie hatte sitzen lassen.

»Ich habe es erst nicht glauben wollen«, sagt Julia.

»Ich hatte es auch nicht vor«, sage ich.

Und das ist die Wahrheit.

»Ich weiß«, sagt Julia, »aber einmal kehrt jeder zurück.«

»Sicher ist es wegen der Tauben, aber ich höre sie nicht.«

»Was für Tauben?«

Der gedeckte Frühstückstisch, die riesige Kaffeekanne, der Brotkorb, das Apfelgelee, die Zeitung.

»Wie damals«, rufe ich, »genau wie damals.«

»Greifen Sie zu«, sagt Julia, »Sie sind immer noch zu dünn.«

Sie sitzt am andern Ende des Tisches und beobachtet mich, wie ich das Ei köpfe.

»Die Milch, warum nehmen Sie keine Milch, Sie haben doch früher immer Milch zum Kaffee genommen.«

»Früher«, sage ich, »und sagen Sie nicht immer Sie zu mir, das haben Sie früher auch nicht getan.«

»Wenn Sie die Brötchen nicht essen«, sagt Julia, »sollten Sie wenigstens vom Roggenbrot essen.«

Ich habe nie Roggenbrot gemocht, damals nicht und heute nicht.

Julia betrachtet mich mit einer Mischung aus Mitleid und Enttäuschung.

»Deshalb sind Sie auch so dünn geblieben. Wie er.«

»Er war noch dünner.«

»Aber er war größer.«

Ich überlege, wie groß er war, ich stelle mir vor, wie er aussah.

»Also, erzählen Sie.«

»Nur wenn Sie das Roggenbrot essen.«

Ich lege mir eine Scheibe Roggenbrot auf den Teller.

»Ihr Vater«, sagt Julia, »sang immer, wenn er sich rasierte.«

»Er konnte nicht singen.«

»Und wenn er sich wohlfühlte«, fährt Julia fort, »summte er vor sich hin.«

»Und wenn er sich nicht wohlfühlte?«

Julia sieht mich erstaunt an.

»Er fühlte sich immer wohl, und beim Frühstück erzählte er von seinen Träumen. Er träumte viel, manchmal schrieb er seine Träume in ein grünes Heft, und morgens, bevor er in die Stadt fuhr, rauchte er eine Zigarette, er war ein richtiger Gentlemen.«

Sie steht auf, geht und kommt mit einem Bild zurück, einem Foto in Chamois: der Glückliche, groß, schlank, strahlend, ein Sieger.

»Ein altes Bild«, sage ich, »ein sehr altes Bild.«

»Ich habe es aus dem Keller gefischt, als er unter Wasser stand.«

Ich nehme das Bild in die Hand, aber ich kann nichts entdecken, ein Bild wie andere Bilder, nur älter.

»Nie habe ich auch nur ein unfreundliches Wort von ihm gehört«, bemerkt Julia, das Bild betrachtend. »Behalten Sie es, es gehört Ihnen.«

Ich schiebe den Brotteller zur Seite.

»Und wer sind die Leute, die ins Haus kommen?«

»Es sind immer die gleichen. Wer einmal hier war, kommt meistens wieder.«

»Ja, die Wohnung zu vermieten ist keine schlechte Idee, und alles bleibt zusammen.«

Julia wischt mit der Hand über den Tisch.

»Ihre Mutter wollte es so.«

Auf dem Fensterbrett sitzt eine Amsel.

»Amseln hatte er besonders gern«, weiß Julia, »keiner konnte sie so gut nachahmen.«

Wir beobachten die Amsel.

»Jetzt im Sommer«, erzählt Julia«, kommen die Leute besonders gern zu uns wegen der Luft, nirgends ist die Luft so mild wie hier oben, das hat man amtlich.«

Ich werfe einen Blick auf die Zeitung.

»Sogar einen Flughafen haben sie gebaut«, fährt Julia fort und räumt das Geschirr zusammen, »einen kleinen zwar, aber immerhin. Und Tanzabende gibt's jeden Samstag und Führungen rund um den Randen. Und auch die Schweizer kommen wieder.«

Sie nickt mit dem Kopf.

»Und einen Kurpark hat man angelegt und einen Musikpavillon daneben und ein kleines Tiergehege.«

»Ein Tiergehege?«

»Ach«, ruft Julia, »Sie waren zu lange weg, Sie werden sich wundern.«

»Wie still es ist! Ist es immer so still?«

»Die Leute, die herkommen, lieben die Stille, wir sind bekannt für unsere Stille.«

Ich überlege, ob es damals auch so still war.

»Es war immer still«, sagt Julia, als errate sie meine Gedanken, »solange ich hier lebe, und wenn ich einmal in die Stadt fahre, dröhnen mir die Ohren, so still ist es hier.«

Die leere Kaffeekanne in der Hand, steht sie einen Augenblick unschlüssig da, überlegt, was sie mir noch Wissenswertes mitteilen könnte.

»Ihre Augen«, sage ich, »Ihre Augen sind immer noch die gleichen.«

Sie starrt mich an.

»Meine Augen? Ach, was reden Sie da!«

»Und jeder, der Augen im Kopf hat, sieht, wer Sie einmal waren.«

»Ja«, sagt sie und wendet sich zur Tür, »und jetzt bin ich halb blind und eine alte Frau.«

»So dürfen Sie nicht reden«, rufe ich, »auch die Erinnerungen zählen, und außerdem sagen Sie noch immer Sie zu mir.«

Ich stehe am Fenster und sehe in den Garten.

»Warum machen Sie nicht einen Spaziergang zum Dorf hinauf?« höre ich sie aus der Küche rufen.

»Marius«, frage ich, »was macht Marius?«

»Warum besuchen Sie ihn nicht? Er wohnt im Neubauviertel und hat vier Kinder und sieben Enkel und ist immer noch Leiter des Polizeireviers, ein tüchtiger Mann. Nächstes Jahr geht er in Pension.«

Armer Marius!

»Er würde sich bestimmt freuen, wo Sie doch immer zusammen waren.«

»Wir waren nicht immer zusammen«, rufe ich zurück, »außerdem war er um einiges älter.«

Vielleicht werde ich mir den Flughafen ansehen oder im »Hohen Randen« reinschauen.

»Der ›Hohe Randen‹«, klärt mich Julia auf, »heißt jetzt ›Roma‹ und gehört einem Türken, den sie erst kürzlich zum zweiten Vorsitzenden der Singgemeinschaft gewählt haben.«

»Der Singgemeinschaft?«

»Ja, so nennt man das heute.«

Ich gehe den Flur hinunter. Der Boden, der nachgibt, das Schaukeln eines davonfahrenden Sommerdampfers.

Ich stehe vor dem Haus.

Die hohen Fenster, die Verstrebungen, die abblätternde Farbe.

»Ist es nicht ein schönes Haus?« höre ich Julia hinter mir sagen, als wär es ihres, und es ist ja auch ihres.

Wir gehen zusammen den Kiesweg hinunter.

»Der Wind«, sage ich, »heute spür ich keinen Wind.«

»Ach«, sagt sie, »es ist immer Wind, Sie merken es nur nicht.«

Wir stehen am Gartentor.

»Und was das Mittagessen angeht«, sagt Julia und betrachtet aufmerksam das Kennzeichen meines Wagens, »Sie brauchen es nur aufzuwärmen, und am Abend ist das Mädchen da.«

»Ich brauche kein Mittagessen, ich brauche auch das Mädchen nicht, ich werde noch heute nach Hause fahren.«

»Und wenn etwas ist, rufen Sie an oder schauen Sie einfach bei mir herein, Sie wissen doch, wo ich wohne«, höre ich Julia rufen, bevor sie hinter den Bäumen verschwindet.

3

Ein badisch-großherzoglicher Offizier, der achtundvierzig zu den aufständischen Heckerleuten übergelaufen war, soll sich hier in der Verbannung ein Haus gebaut haben und darin alt und fromm geworden sein, bevor er durch besonderen Gnadenerlaß wieder an den Hof zurück durfte, wie der Glückliche in seiner kurzen Hauschronik festhielt, die zusammen mit dem Fernsehprogramm und dem Gemeindeblatt für die Hausgäste auf dem Flurtisch ausliegt. Hecker selbst, der Führer der Freischaren, soll sich weiter oberhalb des Tals eine Nacht lang in einer Schafhütte versteckt gehalten haben, bevor er sich über die nahe Grenze in die Schweiz absetzte – eine Geschichte, an die zumindest Marius glaubte, jedenfalls brachte er einige lange Sonntage damit zu, nach dem Heckerschen Gewehr zu suchen, das jener angeblich im Bach hinter der Schafhütte vergraben hatte. Weiter heißt es in der Schrift, daß Georg Längin, den sie auf Grund seiner kräftigen Ausdrucksweise den Oberländer Abraham a Santa Clara nannten und der im Siebzigerkrieg zum Dichter geworden war und am Tag von Sedan die Kastanie hinter dem Haus gepflanzt hatte, eine Zeitlang hier gelebt haben soll. Sogar ein paar seiner Sonette sollen hier entstanden sein, und wenn man dem Glücklichen und seiner Chronik Glauben schenken darf, dann waren es die schönsten. Es gelang ihm auch, eine Ausgabe der Sonette in die Hand zu bekommen, mit denen er Franziska eine Zeitlang in Atem hielt, indem er ihr abends daraus vorlas, was Franziska wohl eher belustigte, weil sie von literarischen Ergüssen dieser Art nicht so viel hielt, vielleicht auch, weil das Wort Föhn so häufig darin vorkam.

Nach dem Auszug Längins zog ein gewisser Franz Beha ins Haus, ein Mann, dessen Name heute so gut wie unbekannt ist, der aber lange vor dem Hegauer Gegauf die elektrische Nähmaschine erfunden haben soll – wie auch den Fliegenfänger und die Winduhr. Tatsächlich ist ein Mann dieses Namens im alten Einwohnerverzeichnis des Randendorfs registriert. Von Erfindungen ist aber nirgends die Rede, dagegen wird er als Scharlatan und Wirrkopf angeführt. Lange kann er hier nicht gelebt haben, denn bald stand das Haus leer, bis gegen Ende des Jahrhunderts plötzlich ein

Tuchhändler aus dem Thurgauischen auftauchte. Er ließ das alte Holzhaus abreißen, das der großherzogliche Überläufer hatte bauen lassen, und stellte sich ein Landhaus im klassischen Stil hin für seine lungenkranke Geliebte. Einige wenige Male soll man sie zusammen an schönen Sommertagen oben im Dorf gesehen haben: er ein Mann im fortgeschrittenen Alter, stattlich und schweigsam, sie eine junge, bleiche, immer lächelnde Schönheit. Und einmal soll er allein gekommen und gleichen Tags auch wieder abgereist sein.

Dann wurde das Haus zum Verkauf angeboten, und es sollen sich auch, so der Chronist, Interessenten gefunden haben. Diese aber verloren ihr Interesse, noch bevor sie das Haus überhaupt gesehen hatten: keine Straße, nichts als Wiesen und Wald und tief unten im Talloch das Haus. Nicht mal die Spitze des Kirchturms habe man von unten gesehen, so tief, so abgelegen, so verlassen, so aussichtslos sei es gewesen.

Man hörte auch nichts mehr von weiteren Interessenten, bis ein Heilarzt aus dem Rheinland auftauchte, der auf dem Rückweg von der Stadt aus irgendwelchen unerfindlichen Gründen, sei es, um sich die Füße zu vertreten, sei es auch nur, um sich ein Zigarre zu kaufen, aus dem Zug stieg. Dieser Unbekannte verließ den Bahnhof, ging durch den Ort, kehrte am Ortsausgang auch nicht um, sondern stieg zur Überraschung jener, die ihn aus der Ferne beobachteten, vom Kamm ins Tal hinab und steuerte zielstrebig auf das leerstehende Haus zu, das der thurgauische Tuchhändler hinterlassen hatte. Später sah man ihn in der Bahnhofsrestauration einkehren, wo er ein oder zwei Bier trank, und mit dem Abendzug wegfahren. Nach einer Woche war er schon wieder da. Er begab sich sogleich ins Rathaus, und diesmal fuhr er mit dem Mittagszug davon. Dann fiel das Laub, und der Winter kam, und der Schnee lag noch in den Gärten, als der Doktor plötzlich wieder auftauchte, mit zwei Koffern und einem Pfeifenkasten unterm Arm. Nachdem er die Koffer in der Expedition abgeliefert hatte, verließ er, fröhlich vor sich hinträllernd, den Pfeifenkasten unterm Arm, den Ort. Und die Leute im Dorf waren's zufrieden, weil es damals zwar einen Viehdoktor, aber keinen Arzt gab. Aber man sah ihn im Ort nicht wieder, und die Waldarbeiter berichteten, daß sie ihn, in Knickerbockerhosen und einer Pfeife im Mund, von Zeit zu Zeit hinter Bäumen hätten stehen sehen, sei man aber auf die Bäume zugegangen, habe er sich wie in Rauch aufgelöst.

Jener Fremde ließ sich auch dann nicht im Ort blicken, als eine Weile danach eine aufgedonnerte Walküre aus dem Abendzug stieg, die sich erstaunt umsah und laut nach einer Droschke rief, und es verging keine Woche, bis die nächste Frau auftauchte, eine Sängerin, wie es hieß. Dann kamen Männer in eleganter Sportkleidung und Spazierstöcken und Frauen in modischen Phantasiekostümen, und über Nacht war aus dem Landhaus des Tuchhändlers ein Kurheim geworden, wie es die einen nannten, ein Vergnügungsetablissement besonderer Art die andern. In einem Werbeprospekt, den der Glückliche der Chronik in einem Anhang beigelegt hat, ist von vergnüglichen Landpartien, erlesenen Kunstgenüssen und ungewöhnlichen Gesellschaftsspielen die Rede. Und der Zuzug hörte nicht mehr auf. Der Großteil der Dorfbewohner verfolgte den Vorgang mit gemischten Gefühlen, nur die Geschäftsleute und Handwerker waren zufrieden: sie machten Geschäfte wie noch nie. Doch dann nahm das Getuschel kein Ende, und Gerüchte waren im Umlauf, die angeblich vom Pfarrer ausgingen, aber dann stellte sich geraus, daß sie von einem der Geschäftsleute stammten, der nicht zu seinem erhofften Geschäft gekommen war.

Bald war von einer Vergrößerung des Hauses die Rede, aber dann brach der Krieg aus, und der Doktor meldete sich an die Front, vielleicht, weil er den Krieg für auch nichts anderes ansah als eine einzige vergnügliche Landpartie oder weil ihm zu einem erfolgreichen Leben nur noch eines fehlte: ein Orden. Vielleicht war er auch überzeugt von dem, was er tat, und also zog er eines sehr frühen Septembermorgens, begleitet von der Walküre samt Hausgästen, unter klingender Musik zum Dorf hinauf, um unter vielen Hochrufen den Morgenzug zu besteigen. Dann, als die Walküre lange genug gewartet hatte, packte sie ihre Sachen und verschwand auf Nimmerwiedersehen und mit ihr die verbliebenen Hausgäste.

So stand das Haus wieder leer, bis man die verwundeten Krieger – Amputierte, Blinde, Lahme, Sterbende – von der Stadt hochbrachte und sie im Haus einquartierte. Danach, so schließt die Chronik, hätten sich Landfahrer, Zigeuner, Wandervögel und anderes freiheitsbewußtes Volk in dem leeren Haus eingenistet.

Irgendwann einmal muß dann er, der Glückliche, auf der Suche nach keltischen Fürstenhügeln, alemannischen Reihengräbern und römischen Grenzsteinen in die Gegend gekommen sein, in die ja nur einer gelangt, wenn er vom rechten Wege abkommt. Dabei ist er auf jenes herrenlose Haus gestoßen, vor dem er etwas zu lange gestanden haben muß, um es je vergessen zu können. Einmal, da waren der Glückliche und Franziska noch nicht verheiratet, hörte sie ihn von seiner neuesten Entdeckung reden, und diesmal war es keine frühgermanische Gürtelschnalle, keine Graburne, kein Bronzestreitbeil, sondern ein Märchenhaus für seine Fee. Aber seine Fee wollte kein Märchenhaus, sie wollte auch nicht fort, schon gar nicht auf die Höhe und noch weniger aus der Stadt, wo sie geboren war, wo sie sich zu Hause fühlte, wo sie ihre Freunde hatte. Sie war ein Stadtkind, sie eignete sich nicht für das Landleben. Sie wollte auch nicht in ein Haus, wo es kein Bad gab, wo es nach Mäusen roch und wo der Boden unter den Füßen nachgab.

So war Ruhe, bis sie heirateten und der Glückliche ihr ein Geschenk machte, das sie nicht erwartete, weil es ja auch schon so gut wie vergessen war, und jetzt stand sie da, außer sich vor Zorn und Enttäuschung, und es blieb ihr nichts anderes übrig, als das märchenhafte Geschenk anzunehmen, das er ihr mit Hilfe einer kleineren Erbschaft und eines größeren Kredits machte. Und später mußte sie erfahren, daß der Kredit von niemand anderem als von ihrem Vater kam, der so abgöttisch an seiner einzigen Tochter hing, daß allein der Gedanke an eine Trennung von ihr ihm unerträglich gewesen sein muß. Warum ließ er sie gehen? Vielleicht lag es an ihrer kränkelnden Gesundheit und dem, was der Hausarzt über die Bedeutung der Höhenluft verlauten ließ, vielleicht lag es an seinem Gespür für Schutz und Sicherheit in Zeiten der Not. Vielleicht meinte er auch nur, daß man bei einem so günstigen Angebot nicht nein sagen durfte. Er war es auch, der sich darum kümmerte, daß neue Böden gelegt, Bäder installiert und die Wände neu tapeziert wurden, und sozusagen als Gegenleistung für den Kredit, der nie zurückgezahlt wurde, ließ er sich im Erdgeschoß, direkt gegenüber der Kastanie, die der Dichter am Tag von Sedan hatte pflanzen lassen, ein kleines Zimmer einrichten für jene Tage, die er hier oben zu verbringen gedachte bei ihr, die er hatte ziehen lassen und die es nie verstanden hatte.

4

Ich sitze im Garten, ein rostiger Tisch, ein blauer Gartenstuhl. Um den Ast der Kastanie hängt noch ein Rest vom Strick der Schaukel. Wenn ich die Augen schließe, kann ich die Schaukel sehen, wie sie sich im Wind hin- und herbewegt. Dann tauchen hellere Erscheinungen auf, das sommerliche Grün der Buchenhecke, der blaugestrichene Himmel, der weißgedeckte Kaffeetisch, die Rosen leuchten zweimal so rot. Man steht unter Bäumen, flüsternd, die Augen halb geschlossen, als lausche man einer Musik. Dann Franziskas Stimme, das Geklapper der Kaffeetassen, Gespräche über den Garten, die sommerliche Hitze, die Krammetsvögel, die die Beerensträucher plündern, Julias Sahnekuchen, die Weltchronik des Doktor von Salis, die Eidgenossen und Tante Ottilie, die sich wundert, warum sich die Schweizer auf einmal so sehr um den Milch- und Butternachschub sorgen, als ob es nicht noch anderes gebe, Hehres und Höheres. Und auch der Alte, Fransziskas Vater, kann sich, heftig an der Zigarre ziehend, des Eindrucks nicht verwehren, als ob jene noch immer in vergangenen Jahrhunderten lebten, während draußen im Reich die Trompeten zum Aufbruch bliesen. Doch der Glückliche, der lange genug mit Schweizer Kollegen in den Höhlen der Bsetzi und des Schweizerbilds zusammengearbeitet hat, weiß nur Gutes über sie zu sagen: ihr Gemeinsinn, ihr stolzer Sinn für Vergangenes, aus dem der stolze Sinn für Zukünftiges hervorgeht. Auch Julia kennt die Nachbarn nur von ihrer besseren Seite, schon weil ihre Schwester einen Apotheker in Appenzell zum Mann hat, wo bekanntlich die Demokratie zu Hause ist von Anfang an und wo die Alphörner bei der rechten Windlage von selbst zu blasen anfangen; nur beim Aufstieg zum Säntis hat sie einmal ihre Armbanduhr verloren, und das ist die einzig schlechte Erinnerung, die ihr von der Schweiz geblieben ist. Und während jeder etwas zu diesem allseits beliebten Thema zu sagen weiß, hüllt sich Eduard, der Vetter aus Zürich, der Schauspieler, in Schweigen. Träumt er? Oder überlegt er, warum er fast nur noch Schurkenrollen spielt?

Auf einmal taucht hinter der Hecke der riesige Kahlschädel des Doktors auf. Er kommt von einem Hausbesuch, ein abgeschnittener Zeh. Abgeschnittene Zehen sind keine Seltenheit um diese Jahreszeit, überall herumhängende Sensen, überall abgeschnittene Zehen, was soll da nur der Führer denken? Er hat den Zeh wieder angenäht, ob er hält, man wird sehen. Bis zum nächsten Hausbesuch hat der Doktor noch ein bißchen Zeit, er schlägt den Kaffee aus und nimmt den Schnaps, blickt in den Garten hinaus. Letztes Jahr um die Zeit regnete es da nicht, und die Wurmplage, der Erdrutsch bei Bargen, und jetzt Tage wie diese – und zieht die Stirn in Falten. Und der Glückliche, animiert von so viel positiver Weltbetrachtung, nickt gleich mehrmals mit dem Kopf und »Wie wahr« und »So ist es« und »Das ist der Fortschritt« und »Nicht mehr fern der Tag, wo Krankheit, Krieg und Kapitalismus aus der Geschichte verschwunden sind« und »Noch nie hat er so geleuchtet der helle Leitstern der Vernunft«, und während er dies sagt, scheint es, als bleibe die Sonne einige Augenblicke lang über seinem Kopf stehen. Bei so viel Zustimmung will auch der Alte nicht zurückstehen, auch wenn ihm einiges nicht paßt. Aber dann, wenn man bedenkt, wie es vor zehn Jahren noch aussah, Korruption und Bauernsterben und eine Reichstagswahl nach der anderen. Und also hebt man die Gläser, trinkt auf den Fortschritt, die stabilen Preise, den schönen Sommer, die Frauen. Nur der Doktor, das Schnapsglas in der Hand, rührt sich nicht, betrachtet unentwegt die Rosen, die Strauchrosen, die Bourbonrosen, die Damaszener, Julias Rosen. Wenn den Doktor etwas an seine verstorbene Frau erinnert, dann sind es die Rosen, Rosen in Vasen, Rosen in Eimern, Rosen in Kübeln den ganzen Sommer lang. »Oh, süßer Duft der Rose, süßer Duft der Erinnerung.«

Einmal bricht es jäh und unerwartet wie ein Überfall hinter dem Wald hervor, zieht im Tiefflug donnernd über den Wald hinweg, rast auf den Kamm zu, steigt hoch, verliert sich am Horizont.

Da sitzt man eine Weile wie erstarrt, blickt verstört in die Richtung, in die der Tumult sich verzogen hat.

»Schön«, sagt der Glückliche, »dann wollen wir uns mal die Füße vertreten.«

5

Ich gehe ein Stück den Bachlauf entlang, steige den Hang zum Wald hoch.

Eingänge in den Wald sind Eingänge in eine andere Welt. Der Schritt wird leichter, das Herz ruhiger, Stimmen werden laut, die schon vergessen schienen, Stimmen, die sich nähern, sich entfernen und in anderer Richtung wiederkehren.

»Und was hatten die Schweden hier zu suchen?«

Der Hagenturm, die Schwedenschanze.

Der Alte blickt um sich, als müsse er einen von den fremden Eindringlingen zu fassen kriegen.

Franziska wundert sich.

»Ich dachte, das sei schon eine Weile her.«

Der Alte jagt den Stock in die Erde.

»Hatten wir nicht schon genug an Cäsar und seiner Bande?«

»Aber das ist noch länger her.«

Der Alte läßt sich nicht so leicht besänftigen, liegt's daran, daß ihm der Aufstieg zu schaffen macht oder daß er seine Zigarren zu Hause liegen ließ, er kann ja auch nicht verstehen, wie man an einem solch heißen Tag sein Haus verlassen kann.

Nachdenklich betrachtet der Glückliche einen Erdhaufen. Ein frühfränkischer Grabhügel? Reste einer keltischen Fliehburg? Oder wirklich nur ein Erdhaufen?

»Zuallererst«, fängt da der Glückliche an, ohne den Erdhaufen aus den Augen zu lassen, »waren die Kelten hier, dann kamen die Alemannen und jagten sie davon, und dies, ohne zu fragen, ob es ihnen recht sei.«

Der Alte nickt befriedigt, wenigstens eine gute Nachricht.

»Dann lief Cäsar ihnen nach und holte sie wieder zurück, weil ihm die Kelten doch noch lieber waren als die Alemannen.«

Dem Alten leuchtet das ein.

Mit den Alemannen konnte er nicht so leicht umspringen.

»Auch die Kelten waren nicht gerade harmlos, aber sie galten als zuverlässig und weniger jähzornig.«

Der Alte verzieht das Gesicht.

Römergeschreibsel, das kennt man.

Franziska hat einen Picknickplatz entdeckt. Also packt man die Brote aus, entkorkt die Weinflasche, macht sich's bequem.

Der Geruch von warmem Holz, Laufkäfer, die durch die Heidelbeeren jagen, vielleicht ein Nachhall des Zwölfuhrgeläutes aus der Ebene. Der Glückliche, gerührt von so viel mittäglicher Idylle, erinnert an eine Zeit, als die Welt – fast – ein Paradies war. Streng genommen war es das Interglazial. Aber wer weiß das schon!

Franziska, im Gras liegend, will wissen, was es damit auf sich hat, und also erzählt der Glückliche, was ihm so alles zum Paradies einfällt, und es fällt ihm eine ganze Menge ein. Und wie er noch so schön am Fabulieren ist, fällt dieser Schuß, und der Glückliche, noch ganz benommen von der Vorstellung paradiesischer Verhältnisse, springt auf.

»Es gefällt mir nicht«, sagt Franziska, »daß man den Rebhahn jagt, der aus lauter Glück so vor sich hinsingt. Hat man denn keine Gefühle?«

Kurz vor dem Aufstieg zum Randenhof, den die Schweizer Klausenhof nennen, führt der Glückliche vom rechten Weg ab auf einen freien Platz, wo ein Haufen Steine herumliegt.

Der Glückliche blickt auf den Steinhaufen wie auf einen Schatz.

»Na, schieß schon los«, ruft der Alte ungeduldig, »und keine Märchen, wenn man bitten darf. Und wenn du meine Meinung hören willst, handelt es sich hier um nichts anderes als um einen ganz gewöhnlichen Steinhaufen, der möglicherweise was mit einer Feldbegrenzung zu tun hatte, meinetwegen auch mit einer Wegbefestigung, aber das ist auch schon das Äußerste, was ich dir zugestehe.«

Franziska dagegen tippt auf die Reste einer Stützmauer wegen der hochkant gestellten Blöcke. Aber wenn man genauer hinschaute, konnte man vielleicht auch einen Kreis erkennen und Brandspuren, und der Glückliche setzt seine Amtsmiene auf, während er den Steinhaufen nicht aus den Augen läßt, läßt ein paar Bemerkungen über Front- und Fluchtlinien fallen, um dann plötzlich bei irgendwelchen Heiligtümern und Opferstätten anzukommen: ein Kultplatz, wie man ihn vielleicht von der Bretagne oder den britischen Inseln her kennt. Eine etwas abenteuerliche These, aber der Glückliche, den Blick noch immer fest auf die Steine gerichtet, sieht darin nur einen schönen Beweis für das, was er schon lange ahnt: die Besiedlung des Randen, die doch ein bißchen älter ist, als die offizielle Lehrmeinung wahrhaben will.

Eine Stunde später saß man vor dem Randenhof, trank Weinschorle, und der Randenhof-Wirt, ein kleiner, dünner Mann mit Habichtsaugen, dem der Alte einmal vor langer Zeit einen Grasmäher oder Heuwender verkauft hatte, brummte etwas von Wetterumschlag, von fahlem Mond und frühem Herbst. Und während er zu den Stallungen hinüberging, erzählte der Alte, wie der Randen es allein diesem Mann zu danken habe, daß man der Fuchsplage Herr geworden sei. Seine Abschußquoten seien damals regelmäßig in der Zeitung veröffentlicht worden, obwohl es nicht allein daran gelegen habe, es seien auch die Fallen des Randenhof-Wirts gewesen, die nichts anderes als verdeckte

Guillotinen gewesen seien. Aber jetzt, wo es so gut wie keine Füchse mehr hier oben gebe, jage der Randenhof-Wirt immer noch den Fuchs, und das sei das Seltsame, Hase und Schwarzwild interessierten ihn nicht, es sei allein der Fuchs, worauf er scharf sei. Es gebe Stimmen, die behaupteten, dies komme daher, weil der Fuchs ihm seinen Lieblingshahn gerissen habe, während andere meinten, daß er einmal in die eigene selbstgebastelte Fuchsfalle gestolpert sei. Wie auch immer, der Randenhof-Wirt habe, so der Alte, nun mal den Fuchs im Visier, gut für die Bauern, schlecht für den Fuchs, aber so sei das nun mal, und da werde sich auch nicht viel ändern. Einmal hätten sie ihn nach Schaffhausen kommen lassen, damit er auch dort etwas gegen die Fuchsplage unternehme, aber dann habe er auch dort so unter den Füchsen aufgeräumt, daß überhaupt keiner mehr übrig war, man habe es wissenschaftlich festgestellt, und das sei denen in Schaffhausen auch wieder nicht recht gewesen. Man habe ihm auch heftige Vorwürfe gemacht, das habe wiederum den Randenhof-Wirt so getroffen, daß er den ganzen Kanton seitdem nicht wieder betreten habe. Vor nicht allzu langer Zeit hätten sie ihn in den Hegau gerufen wegen der Mäuse, weil man meinte, einer, der mit Füchsen umzugehen verstehe, wisse auch mit Mäusen umzugehen, das habe ihn vielleicht noch mehr getroffen. Seitdem lasse er sich auf solche Geschäfte überhaupt nicht mehr ein. Ob Mäuse oder Füchse oder was immer: zweifellos ein tüchtiger Mann, der es noch bis zum Kreisbauernführer oder mehr bringen könne.

Wie man über das Gesagte nachdachte, tauchte der Randenhof-Wirt aus den Stallungen auf. Er blieb mitten auf dem Weg stehen, tat, als horche er, und tatsächlich war vom Randendorf herauf ein ferner, dumpfer Laut zu hören wie Trommelschlag. Dann näherte sich der Lärm, stieg das Kleefeld herauf, erreichte den Hof, und hinter der Trommel ein

Dutzend Fahnen und Uniformen und versteinerte Gesichter, und das zog im Gleichschritt vorbei, und ehe man sich's versah, war alles schon im Wald verschwunden, als sei nichts gewesen – ein Spuk.

Der Glückliche leerte das Glas.

Seltsam, noch nie hatte er so was hier oben gesehen.

Die Augen des Randenhof-Wirts aber waren immer noch auf den Wald gerichtet, in dem die Burschen verschwunden waren.

»Stramme Burschen! Und der Gleichschritt stimmt.«

»Im Gleichschritt durchs Kleefeld«, wunderte sich Franziska, »ist das nicht ein wenig grotesk?«

»Grotesk«, fragte der Alte, »was meinst du mit grotesk?«

Noch einmal ging's auf die Höhe.

Dann der Abstieg.

6

Der Glückliche, wie ich ihn vor mir sehe: hoch und aufrecht, auch unbeirrbar, wie damals in jenem Sommer, als er, mehr durch Zufall, am Ausfluß des Weißbachs aus dem See jene Nadel entdeckte, die ihm keine Ruhe ließ, und, als er weitersuchte, die Reste eines Tongefäßes fand und später einen Pfahl. Als Sporttaucher kurz darauf einen weiteren Pfahl aus dem See zogen, stand für ihn fest, daß er auf eine Pfahlbaustation gestoßen war. Er wußte auch gleich, was zu tun war: eine großangelegte Vermessungs- und Kartierungsaktion mit Hilfe eines Schleppnetzes, wie sie in einer seiner Zeitschriften ausführlich beschrieben war. Aber dann schien es ihm noch besser, den See einfach abzupumpen, eine Idee, die er auch sofort dem Landesdenkmalamt und den Behörden vortrug. Und so machte er sich an die Vorbereitungen. Früh am Morgen fuhr er los, spät am Abend kam er nach Hause, und wenn er kam, brachte er den Geruch von nasser alter Erde mit, der Kopf voller Vermessungsdaten und seltsamer Theorien.

Da dem Glücklichen das faktische Wissen nicht genügte, ging er weiter, spekulierte, stellte in Frage, kehrte zu den Fakten zurück, um sich gleich wieder neuen Mutmaßungen zuzuwenden. Dabei war die Phantasie für ihn ein wissenschaftliches Kriterium so gut wie analytischer Verstand oder kombinatorisches Vermögen, und da ihm die Frauen davon weit mehr zu haben schienen als die Männer, sah sich Franziska in der Rolle des wichtigsten Ansprechpartners, eine Rolle, in der sie sich überhaupt nicht wohl fühlte. Aber sie hörte ihm zu, sagte ihre Meinung, wenn er sie danach fragte, aber dies alles war ihr fremd. Sie interessierte sich mehr für die Gegenwart. Sie konnte auch nie verstehen, wie man über die Entdeckung eines Faustkeils, der unter Umständen gar keiner war, in Euphorie ausbrechen konnte.

Nie wieder habe ich einen solchen Menschen getroffen, der, wie der Glückliche, mit solcher Aufmerksamkeit und Neugier und Verwunderung den Dingen dieser Welt begegnete, als sei jedes Ding schon an sich ein Wert, den es nur noch festzustellen galt. Wenn man ihn so hörte, konnte man meinen, daß die Welt voller verborgener Schätze sei, die man nur heben müsse. Sein Blick, wenn er durch die Landschaft ging: der Blick eines Schatzsuchers. Es kam nicht nur darauf an, etwas zu finden, man mußte ja auch immer etwas hinzuerfinden, und erst dies offenbarte die wahre Bedeutung des Gegenstands. Einmal brachte er ein unauffälliges Stück Holz mit, das einen Hohlraum aufwies. Das Holz hatte er in einer Fäkaliengrube eines ehemaligen Klosters gefunden. Und während man den Gegenstand begutachtete, sagte der eine dies und der andere jenes, aber keiner hatte eine rechte Vorstellung. Da nahm er zwei Augengläser und legte sie in das Holz, sie paßten: ein Brillenfutteral. Als man ihm nicht glauben wollte, brachte er den Nachdruck eines Bildes, auf dem ein Mönch zu sehen war, der mit Hilfe einer Brille in einer Bibel las; das Bild stammte aus dem frühen Mittelalter.

Aber dann konnte es auch geschehen, daß die Phantasie mit ihm durchging, wenn er eine Trinkschale um ein paar Jahrhunderte vordatierte oder einen Schindanger mit einem Fürstengrab verwechselte. Doch solche Fehldeutungen konnten ihn nicht bremsen in seinem nie erlahmenden Entdeckerdrang, wenn er über die Bergrücken des Randen zog bis hinunter in die Wutach, den Hegau, den Klettgau. Immer war er der Vergangenheit auf der Spur, die Gegenwart schien ihn wenig zu interessieren. Und so entdeckte er seine alemannischen Reihengräber bei Zollhaus auf dem Weg nach Beggingen, den römischen Gutshof bei Engen, die Trichtergruben von Reiselfingen, nicht zu reden von den zahlreichen Einzelfunden, Knochen, Tonscherben, Geräten, Münzen, Armringen, Gefäßen, Speerspitzen, Ohrringen, Bronzenadeln, römischen Dachziegeln, Klingen, Fibeln, Schnallen und Steinblöcken, die er in seinem Institut in der Stadt zusammentrug, registrierte, katalogisierte, fotografierte, inventarisierte. Dabei ging es ihm letzten Endes nicht um den Fund an sich, eher um den Beweis für irgendeine fixe Idee, die sich in seinem Kopf festgesetzt hatte und die bewiesen werden mußte, auch gegen die offizielle Lehrmeinung. Die aber nahm ohnehin wenig Notiz von ihm: Er war ein Einzelgänger, man duldete ihn, belächelte ihn, man ließ ihn arbeiten.

7

Ab und zu schaute der Doktor herein, wenn er sonntags seine Hausbesuche machte, um mit dem Glücklichen auf der Terrasse eine Partie Domino zu spielen oder um Julias

Rosenbüsche zu bewundern. Dann unterhielten sie sich über das Wetter, über die Nachrichten in der Zeitung oder über das, was auf dem Land geschah, und der Doktor deutete mit dem Kopf in die Richtung des Nachbardorfs, wo sie gerade einen neuen Friedhof angelegt hatten, weil zuviel Geld in der Gemeindekasse war. Und weil sie ein neues Rathaus und ein neues Schulhaus und einen neuen Sportplatz schon hatten, waren sie auf die Idee mit dem Friedhof gekommen, aber auch weil der alte Kirchhof ein wenig eng geworden war und der Pfarrer schimpfte, weil die Gräber bis vor seine Haustür gingen. Aber dann, wie der Friedhof fertig war, wollte keiner der erste sein. Vielleicht, daß man dem neuen Friedhof nicht traute, wie man ja allem Neuen mißtrauisch gegenüberstand. So hatten plötzlich zwei Alte, um die es so schlecht ausgesehen hatte, daß man den Pfarrer holen mußte, wieder fröhlich zu laufen angefangen. Und der Feldgendarm, der in voller Uniform in das Stauwehr gesprungen war, um eine Ente aus dem Strudel zu retten, war selbst in den Strudel geraten, war auch nie wieder aufgetaucht. Sogar die Grabgebühren hatte man herabgesetzt. Aber auch das hatte nichts genützt. Es war wie verhext, und man sah es gar nicht gern, wenn der Doktor häufiger im Dorf auftauchte, und der Ratschreiber hatte es ihm ins Gesicht gesagt, daß er dem Tod ins Handwerk pfusche. Aber, so der Doktor, das könne sich alles schnell ändern, wenn nur einer mal den Anfang mache.

Der Doktor schwieg, beugte sich ein wenig vor, um die Rosen besser zu sehen, zog an seiner Zigarre, die ihm ausgegangen war, und wie er das brennende Zündholz in der Hand hielt, erlosch es, und wie er es noch einmal versuchte, erlosch es wieder, und zwei, drei geblasene Töne schwebten über der Terrasse.

Die beiden Männer sahen sich an, sahen zum Kamm hinauf, hinter dem das Dorf liegt.

Es war der Tag von Tannenberg.

Der Doktor rührte sich nicht, schien ratlos, wartete, bis der Wind sich legte und die alte Stille einkehrte. Dann zündete er sich seine Zigarre an.

Wieder verloren sich ein paar Töne ins Tal.

Jedes Jahr die gleiche Feier.

Wie lange ist das schon her?

Für den Glücklichen tausend Jahre oder mehr, aber dann sind es auf den Tag genau fünfundzwanzig Jahre: die allgemeine Mobilmachung, die reitenden Bläser, die große Abschiedsparade, das ausziehende Regiment.

»So leb denn wohl, wir müssen Abschied nehmen.«

Für den Doktor ist es wie gestern, die gleiche Musik, die gleichen Reden, der gleiche Haß. Wo bleibt da der Fortschritt, von dem der Glückliche so gern spricht?

»Um vier, da ging es los. Als erstes wurde Mülhausen genommen, ohne Artillerieschutz, da hatten viele ausgesungen.«

Der Glückliche kann es immer noch nicht verstehen.

»Was für ein Irrtum zu glauben, man könne politische Probleme auf diese Weise lösen! Man löst sie am Konferenztisch, man spricht und raucht eine Zigarre miteinander und denkt an die geborenen und ungeborenen Enkel.«

Aber der Doktor hat Hitler noch keine Zigarre rauchen sehen, und die letzte Konferenz liegt auch schon eine Weile zurück.

Aber dann ist es für den Glücklichen doch eine andere Zeit, und der zivilisatorische Fortschritt ist nicht zu übersehen bei allen Rückschritten, bei allen Krisen, die doch auch immer ein Zeichen von Fortschritt sind.

Der Doktor traut den Mächtigen nicht, er hat die Worte Hitlers im Ohr.

Für den Glücklichen ist Hitler ein zweifellos begabter Schauspieler, ein Rhetoriker par excellence, und nicht jedes Wort darf man für bare Münze nehmen.

Der Doktor betrachtet leicht irritiert den Glücklichen und wendet sich dem Garten zu.

Später, als man vor der Gartentür stand, den Blick auf die Rosenbüsche gerichtet, das Ohr dem Dorf zugewandt, von wo die Akkorde eines Reitermarsches zu hören sind, fragte der Doktor den Glücklichen, ob er wisse, daß ab sofort in jedem Haus ein Luftschutzgerät zu stehen habe.

Aber der Glückliche verstand die Frage nicht. Vielleicht wollte er sie auch nicht verstehen.

Und also stand man noch eine Weile unschlüssig an der Gartentür, bevor sich der Doktor auf den Weg ins Nachbardorf machte.

8

Wenn die Sonne im Westen steht, sitze ich noch immer an der gleichen Stelle. Hinter mir der Wald, vor mir, im Loch, das Haus, alleingelassen wie ein Findling. Dahinter der Kamm, linker Hand das Bahngleis, das in einer langen Schleife zum Bahnhof führt, aber den Bahnhof gibt es nicht mehr, und das Bahngleis überwuchern Goldrute und Knäuelgras. Und die Züge gibt es nur noch in der Erinnerung wie jene frühen Abende vor dem Wald, wenn man mit dem Fernrohr den Himmel beobachtete oder Bücher tauschte oder Abzeichen, eine Hindenburgmedaille, einen Türkenlouis, einen Reichsadler auf dem Hakenkreuz, einen glasierten Sowjetstern.

Die schönsten hatte Marius, der junge Polizeileutnant, die er in einem Stahlkästchen aufbewahrte. Marius, der das Gewehr hochriß, wenn er ferne Schritte im Wald hörte, ein solches Gehör hatte er; aber im Kampf ist ein waches Gehör wichtiger als ein scharfes Auge. Dabei sah er genauso gut, wie er hörte, behielt den Wald, den Kamm im Auge. Dem Himmel traute er am wenigsten, weil er so fern ist und schwer zu kontrollieren. Der Himmel war die verwundbare Stelle, die Achillesferse, die Gefahr drohte von oben, so Marius, man müßte den Himmel besetzen, das totale Abwehrsystem installieren. Wer den Himmel beherrscht, beherrscht die Erde, sagt Oswald Boelcke, und Douhet sagt: Die Entscheidung fällt in der Luft.

Dann wieder dieses Geräusch, das auch ich jetzt hörte, es kam aus dem Wald. Marius rührte sich nicht, das Gewehr im Anschlag. Ein Busch, der sich bewegte, auf einmal wurden die Zweige zurückgeschlagen, und ein Mann trat aus dem Gebüsch, und es war nicht Hagen oder Sanders oder Angelo Ducca, sondern ein kleiner rundlicher Mann mit einem Filzhut tief übers Gesicht gezogen, in der einen Hand eine Angel, in der anderen einen Eimer.

»Nicht schießen«, flüsterte er mit einer Stimme, die uns fremd war, »nicht schießen.«

Dann trat er langsam auf uns zu, blieb stehen, stellte den Eimer ab, warf die Angel ins Gras, schob den Hut in den Nacken, wischte sich die Stirn, blinzelte uns freundlich zu. Wie viele Fremde immer wieder auftauchten, keiner wußte, woher sie kamen, wohin sie gingen. Auf einmal richtete Marius das Gewehr auf den Ausgang des Waldes, aber es kam keiner nach, es war auch nichts zu hören außer dem Rätschen eines Eichelhähers. Dann fiel unser Blick wieder auf den Fremden, man würde ihn verhören müssen, wer sagte uns, daß er nicht vielleicht ein polnischer oder französischer Agent war; wie harmlos er lächelte, alles Tarnung, dann fiel unser Blick auf den Eimer, und wie wir in den Eimer sahen, waren Fische drin, dabei gab es gar kein Gewässer im Wald, nicht mal einen Tümpel, aber die Fische waren echt, sie bewegten sich, sie schnappten nach Luft. Jetzt griff der Mann in die Tasche, holte ein Päckchen Zigaretten heraus, zündete sich eine Kolibri an, betrachtete uns aus der Entfernung wie ein Paar exotische Vögel. Einmal zuckte es um seine Mundwinkel, er lächelte über uns, er würde sich noch wundern. Vielleicht war er ein heimlich gelandeter englischer Spion, aber Engländer waren größer, hatten rote Haare und rauchten keine Kolibris. Auf einmal begann der Eimer sich zu drehen, weil einer von den Fischen hochsprang, aus dem Eimer hüpfte und im Gras einen Veitstanz aufführte, und die Augen des Fremden fingen an zu blinzeln, weil wir noch nie einen Fisch hatten tanzen sehen, aber dann machte der Fisch einen Satz, und schon schwamm er wieder im Eimer mit den andern Fischen, und der Alte nickte, zog an seiner Zigarette.

Dann fiel sein Blick auf die Abzeichen, die in der Abendsonne leuchteten, und er nickte wieder, murmelte etwas wie: »Eine herrliche Zeit, in die ihr Jungen da hineingeboren seid, eine wunderbare Zeit, ich wär' auch lieber in dieser Zeit groß geworden«, und auf einmal sah er ganz klein und alt und verloren aus, vergaß seine Fische, sein Blinzeln, starrte nur noch auf den Reichsadler, das Hakenkreuz.

»Eine verdammt herrliche Zeit«, murmelte er, kratzte sich am Kopf, »ihr Jungen wißt ja nicht, wie gut ihr es habt, das wißt ihr ja nicht, woher auch«, dann warf er einen Blick auf die Bücher, dann gleich wieder auf die Abzeichen, »das wißt ihr ja nicht, aber eines Tages werden euch die Augen schon aufgehen, ihr werdet schon sehen, die Augen werden euch aufgehen, daß ihr euch noch wundert«.

Dann sah er an uns vorbei ins Tal hinunter, und im gleichen Augenblick hörte man hinterm Wald ein Geräusch wie einen Windstoß, und das Geräusch nahm zu und wuchs an zu einem Rauschen, und der Mann griff flink nach der Angel, nahm den Eimer, warf noch einmal einen Blick auf die Abzeichen, nickte uns freundlich zu, und während das Rauschen vom Wald her immer stärker wurde, stapfte er an uns vorbei den Hang hinab, immer auf das Gleis zu, und es war, als ginge er immer schneller, bald sahen wir nur noch die Spitze der Angel, die über den Halmen hin und her wippte, dann kam der langgezogene Pfiff, und der Zug trat aus dem Wald, während wir vergebens nach dem Fremden Ausschau hielten.

Da hing sich Marius das Gewehr um, steckte das Stahlkästchen mit den Abzeichen in die Tasche und stieg den Hang hinab, gerade als der Zug mit viel Lärm und Rauch in den Bahnhof einfuhr.

Von der Höhe beobachtete ich das Aussteigen der Passagiere, das Hin- und Hergerenne des Bahnhofsvorstehers, das Anfahren des Zuges.

Einmal sehe ich einen hellen Punkt am Kamm auftauchen, und der helle Punkt ist ein Sommermantel, und der Sommermantel kommt näher, und über dem Sommermantel ist ein Kopf, der ist zurückgebeugt, als singe er, darunter lange, weitausgreifende Beine, die nur einmal kurz zum Halt kommen, weil der Kopf es so will, dann setzen sich die Beine wieder in Bewegung, und alles kommt in Fahrt, Beine, Mantel, Kopf, und wie dies alles aus der letzten Biegung tritt, ist der Kopf weit zurückgebeugt, der Mund geöffnet: Er singt wirklich, oder was man so unter Singen versteht.

Den Rest des Wegs gehen wir gemeinsam.

Heute, sagt der Glückliche und öffnet die Gartentür, ist ein guter Tag.

9

Ich stehe vor der Gartentür und überlege, ob ich ins Dorf hinauf soll oder ob ich nicht gleich nach Hause fahre. Was habe ich hier zu suchen? Zu Hause liegen unerledigte Akten herum, wichtiger: ein Termin beim Staatsanwalt. Ich lehne mich gegen das Gartentor: die vom Mittagslicht erleuchtete Hausfassade, der schmale Eingang, über dem die alte Messinglampe hängt, die Fenster, hinter denen die Küche liegt, das Speisezimmer, das Nähzimmer, wo sich Franziska ihre Kleider nähte, die sie nie tragen würde, flotte Ausgehkleider, ein Abendkleid, ein Strandkleid. Sie nähte sich alles selber, manchmal half ihr Julia dabei. Vom Kochen verstand sie nicht so viel, die ganze Küchenarbeit war ihr ein Greuel, was den Glücklichen amüsierte und was oft dazu führte, daß Julia in der Küche stand; ihre Abneigung gegenüber allem, was mit Küche und Haushalt zu tun hatte, die sie angeblich von ihrer Mutter, der Allzufrühverstorbenen, geerbt hatte. Vielleicht lag es daran, daß niemand ihr das Kochen beigebracht hatte. Als die Allzufrühverstorbene gegangen war, und sie noch ein Kind, brachte sie der Alte, der so gut wie nie zu Hause war, weil er seine landwirtschaftlichen Geräte, Dreschmaschinen, Jauchepumpen, Rübenschneider, Grasmäher, loswerden wollte, ins Pensionat, wo sie Nähen und Zeichnen und Sprachen lernte. Wenn er dann heimkam von seinen Verkaufsreisen, fuhr er zuerst einmal mit ihr zum Essen, so daß sie es wieder nicht lernte. Sie genoß es, mit ihrem Vater auszugehen, der auch nie kleinlich war. Es ging ihm auch nicht schlecht, obwohl die Zeiten schlecht genug waren, Arbeitslosigkeit, Inflation, Bauernsterben. Aber er konnte reden, ließ mit sich verhandeln, schimpfte mit den Bauern auf die verrottete Sozialdemokratie und die Großagrarier, lobte die neue Bauernbewegung – und gewann ihr Vertrauen. So jedenfalls hat man es später sagen hören.

Einmal nahm er Franziska mit nach Paris, wo er eine landwirtschaftliche Ausstellung besuchte und wo sie, nachdem sie Maurice Chevalier aus der Ferne hatte sehen dürfen, beschloß, nur einen Mann zu ehelichen, der diesem ähnlich sah, groß, charmant und aufregend. Kaum waren sie wieder zu Hause, wartete schon der erste Brief auf sie, aber nicht von Maurice Chevalier, sondern von einem Studenten, den sie in einem der Pariser Parks kennengelernt hatte. Dieser Brief führte offensichtlich zu einem längeren Briefwechsel, bis der Student sein Kommen ankündigte, weil er wohl dachte, daß Briefe kein Ersatz für Liebe seien. Aber da kannte sie schon den Glücklichen, und so wurde nichts aus dem Besuch und nichts aus der Liebe.

Der Alte traute dem frühen Glück nicht, er hielt auch nicht viel von Leuten, die von den Irrtümern ihrer Lehren leben müssen. Er hatte Angst, sie zu verlieren, und er wartete nur darauf, daß sie den Glücklichen über kurz oder lang davonschickte. Aber es schmeichelte ihrer Eitelkeit, wenn er, der Immerfreundliche, der Kavalier, der Gelehrte, ihr den Hof machte, Blumen schickte, sie mitnahm zu akademischen Veranstaltungen, und es rührte sie, wenn er sie in die Geheimnisse seiner Arbeit einweihte, sie als seinesgleichen betrachtete, sie, die noch nicht mal mit der Schule fertig war. Sie mochte seine zuversichtliche, unbekümmerte Art, vielleicht mochte sie sogar seine Anfälle von Abwesenheit.

Mindestens einmal die Woche verließ sie die stille Insel, um in die Stadt zu fahren, und wenn sie mit dem letzten Abendzug zurückkehrte, schien sie für Augenblicke ratlos: Sie war auf die Insel zurückgekehrt. Sie packte ihre Einkäufe aus, Journale, Stoffe, Kosmetika, betrachtete ihre Mitbringsel. Dann ging sie in die Küche, um das Abendbrot zu richten. Manchmal brachte sie Sachen zum Modellieren mit. Sie konnte hübsche Sachen machen mit wenig Material, Windräder aus Blechkreuzen, Puppenmöbel aus Draht und Häkelgarn oder Tannenreisern. Woran ich mich erinnere: ein Glockenspiel auf der Lampe. Auf das Drahtgestell des Lampenzylinders setzte sie ein Rädchen, das durch die Luftströmung der brennenden Lampe in Drehung versetzt wurde, wodurch die Kugeln bewegt wurden, die die Glocken anschlugen.

Warum habe ich Mühe, mich an ihr Gesicht zu erinnern, an ihre Hände, an ihre Stimme, warum ist mir *sein* Bild viel gegenwärtiger, wo sie mir so nahe war?

10

An jenem Abend gibt sich der Glückliche angenehmen Träumen hin. »Sie wollen aus den Fundplätzen nationale Kultstätten machen«, weiß der Glückliche, »nur gibt es nicht so viele Fundplätze, nicht so viele, wie sie brauchen.«

Er steckt sich eine Zigarette an und blickt nachdenklich dem blauen Dunst nach.

»Wahr ist, daß zu wenig auf dem Gebiet getan wurde, wir wissen auch zu wenig; aber vielleicht, daß es jetzt mit Riesenschritten in die Vergangenheit zurückgeht, ohne daß man die Gegenwart aus den Augen läßt. Man ist ja nicht kleinlich, man hat auch Motive, die nicht immer die des Wissenschaftlers sein müssen. Aber wird dadurch der objektive Befund geschmälert, bekommen die Ereignisse dadurch einen anderen Wert?«

Der Glückliche zieht zufrieden an seiner Zigarette.

Drei Beamte, darunter der Oberkonservator, hatten dem Institut einen Besuch abgestattet. Man war freundlich, gab sich aufgeschlossen, bezeichnete mehrmals und ausdrücklich die Frühgeschichte als eine hervorragende nationale Wissenschaft, versprach, die Grabungen am See zu unterstützen, ermunterte den Glücklichen zu weiteren Projekten und gab ihm am Ende zu verstehen, daß man die Arbeit von Leuten wie ihm wohl zu schätzen wisse.

»Dann werden sie dich zum Leiter des Museums machen«, freut sich Franziska, »und wir kehren in die Stadt zurück.«

Der Glückliche überlegt.

»Abgemacht«, antwortet er schließlich, »aber mach dir keine Hoffnungen.«

»Warum soll ich mir keine Hoffnungen machen«, will Franziska wissen, »ich mache mir immer Hoffnungen.«

Der Glückliche lächelt.

»Ja«, sagt er, »daran erkenne ich dich.«

Und also kommt der Glückliche wieder zu Sinnen, läßt eine Nacht lang alles fahren, was ihn heimsucht, Grabungen, Vermessungen, Datierungen, hat nur Augen für sie, wie damals, als sie sich zum ersten Mal begegneten.

Gut erinnere ich mich an jenen Abend, weil es der letzte unbeschadete jenes langen Sommers war und weil er kein Ende nehmen wollte und weil die Amseln bis in die Nacht sangen und weil die Rosenbüsche noch süßer dufteten als am Tage und weil der Glückliche von dem Augenblick an, als er den Arm um Franziska legte, als ein anderer erschien. Und später, als eine Sternschnuppe fällt, will er, daß sie sich etwas wünscht, aber dann hat sie so viele Wünsche, aber als er wieder fragt, wünscht sie sich, daß er mit ihr tanzt, da stutzt er einen Augenblick, lacht und: »Hör dir das an, ist es nicht wundervoll!«, nimmt sie noch fester in die Arme, daß sie sich nicht rührt. Dann ziehen die Sterne auf, nie wieder werden so viele Sterne aufziehen, und der Glückliche zeigt auf den kleinen Saturn, den Delphin, die liebliche Andromeda, die dem Ungeheuer geopfert werden soll, zeigt auf die Kassiopeia, den großen und den kleinen Bären, schweigt, verfällt in tiefe Grübelei.

In solchen Nächten schläft man nicht, man wehrt sich gegen den Schlaf, man schläft mit offenen Augen, als könnte man etwas versäumen, was so schnell nicht wiederkehrt, man träumt, ohne sich im Traum zu verlieren, und erst, wenn der Morgen grau und zäh und zögernd heraufzieht, kommt der Schlaf über einen wie eine Betäubung, bevor der viel zu frühe Tageslärm den Schlafenden einholt; dann dreht man sich noch einmal auf die andere Seite, aber da hat der Tumult das Ohr des Erwachenden schon erreicht, der sich benommen erhebt, und, dem Lärm folgend, zum Flur hinausgeht, ins Wohnzimmer tritt, wo auf dem Büffet das eingeschaltete und viel zu laute Radio steht, dahinter der Glückliche, unter der weit geöffneten

Terrassentür stehend, auf den dämmergrauen Garten blikkend.

Alle Farbe ist aus seinem Gesicht gewichen.

»Junge, mein Junge«, murmelt er, »es ist Krieg.«

11

Eine schöne Jahreszeit, die Jahreszeit des Krieges, voller Licht und Farben und zwiespältiger Empfindungen. Wem darf man glauben, der Stimme im Radio oder der Stimme des Zweifels? Was ist das überhaupt: ein Krieg? Wer steckt dahinter? Eine geheimnisvolle Mafia, der alte Pilsudski oder doch wieder die Engländer, wie der Alte behauptet? Man reißt sich die Zeitungen aus der Hand, man hängt am Radio, man möchte die wahren Lügen hören. Und während die Bauern bis zum Dunkelwerden ihren Weizen dreschen, sitzen die alten Leute vor ihren Häusern und lauschen einem fernen Donner, der nicht kommen will.

Es ist ein Versehen, bemerkt der Glückliche, der nach Tagen hartnäckigen Schweigens wieder seine Sprache gefunden hat, ein Mißverständnis, das sich aufklären wird, und zwar bald. Während Julia sich fragt, ob man denn ausgerechnet habe, was so ein Krieg überhaupt koste, schreibt der Schauspieler in seinem Brief aus Zürich, daß die Eidgenossen offensichtlich die einzigen seien, die auf einen Angriff vorbereitet wären, es herrsche auch allenthalben großes Gottvertrauen; ob es an General Guisan liege oder an den Alpen, die man bis zum Firn hinauf befestigen wolle, habe er nicht in Erfahrung bringen können, er hoffe, daß Gott das Vertrauen, das man in ihn setze, auch nicht enttäuschen werde. Nur Franziska kann es nicht glauben: Hat man denn genug Menschen, die sich in Soldaten verwandeln lassen, wird man sie auch genügend motivieren können, um das zu tun, was sonst verboten ist: zu töten? Der Doktor sagt gar nichts: Er hat wie immer viel zu tun. Noch nie wurde so viel Radio gehört – die Reden, der Jubel, die Fanfaren, ta tara, ta, tara ta, tara ta, tara taaa, Achtung, Achtung, eine Sondermeldung, man kann kaum folgen, so schnell geht alles, aber dann ist Polen so fern, und das Leben geht weiter.

Einmal schlugen die Wellen hoch, als über Nacht das Kriegerdenkmal vor dem Bahnhof geschändet wurde: Unbekannte hatten dem alten Krieger das Bajonett entwendet, die Augen verbunden, und so was hatte es noch nie gegeben.

Und also stieg eines frühen Morgens der Staatsanwalt, ein junges forsches Bürschlein, aus dem Morgenzug, um die Untersuchung selbst zu leiten. Eilte auch gleich zum Tatort, beobachtete lange die leeren Hände des Kriegers, stieg auf den Sockel, wo er dem Krieger nachdenklich ins verwitterte Antlitz blickte, lief zweimal in leicht gebückter Haltung um das Denkmal, als suchte er seine Krawattennadel, in Wirklichkeit, um irgendwelche Spuren zu sichern.

Aber dann zog an jenem Morgen ein kalter Wind über die Hügel, und es wurde offenbar, daß der Staatsanwalt den Wind nicht vertrug. Er warf einen raschen Blick auf seine Begleiter, als vermutete er unter diesen den Täter, wechselte ein paar Worte mit dem Revierleiter, stürzte ins Bahnhofsrestaurant, wo er sich mit Kaffee und Glühwein aufwärmte und zum Ergebnis kam, daß er sich den Ausflug auf die Höhe hätte sparen können: keine Anhaltspunkte, keine Spuren, kein Verdacht, auch niemand, der etwas gehört, gesehen, gerochen hatte. Vielleicht, daß es die Tat eines Verrückten war, eines Dorftrottels, vielleicht die Untat eines Unholds aus dem Nachbardorf, so der Bürgermeister, oder die Tat eines Durchreisenden, eines Landfahrers, oder eines Schmugglers, wie der Revierleiter vermutete.

Aber natürlich war es auch ein Politikum in Zeiten wie diesen. Selbst ein Furz konnte unter Umständen ein hochpolitischer Vorgang sein, und natürlich mußte jeder verdächtigen Spur nachgegangen werden, darauf bestand der Staatsanwalt, bevor er am gleichen Morgen wieder abrauschte, ohne sich je wieder blicken zu lassen. Offensichtlich hatte er dem Bürgermeister zur Auflage gemacht, daß Geschichten wie diese nicht ein zweites Mal passieren dürften, denn ab der folgenden Nacht stand eine Zeitlang ein Gendarm vor dem Denkmal, um zu verhindern, daß dem Soldaten auch noch die Stiefel oder der Helm entwendet würden.

Die Sonderbewachung währte nicht sehr lange, vielleicht weil man eine zweite Schandtat dieser Art nicht für möglich hielt, vielleicht auch, weil die Polizei Wichtigeres zu tun hatte.

12

Neben dem Nähzimmer das Zimmer des Alten; ein Bett, ein Polstersessel am Fenster, ein Schränkchen: Schreibzeug, ein Briefbeschwerer mit eingraviertem Vergißmeinnicht, der Badische Bauernkalender von 1939. Ein Medaillon von Franziska. Eine leere Zigarrenschachtel. Eine Generalstabskarte von 1914, in fünfundzwanzig kleine Quadrate zusammengelegt, die Orte mit roten und grünen Kreisen versehen, blaue Pfeile, die in bestimmte Richtungen zeigen, schwarzschraffierte Linien, die quer durchs Land ziehen.

Der Alte war von Anfang an dabeigewesen, er soll in der Stadt der erste bei der Meldung gewesen sein, behauptete Tante Ottilie. Er war noch nie in Paris gewesen und dachte, dies sei eine günstige Gelegenheit. Er kam bis Sennheim. Bei einem Routinegang hatte er einen französischen Spähtrupp überrascht, aber dann war er selbst so überrascht, daß er vergaß, den Spähtrupp festzunehmen, also nahmen sie ihn fest. Als sie ihn wieder freiließen, war der Krieg vorbei, und er war nicht nach Paris gekommen, und hatte keinen Orden,

den er vorzeigen konnte. Er hatte nichts aus dem vaterländischen Krieg mitgebracht als die Erinnerung an eine Entwürdigung, die er nie vergaß und die es ein Leben lang auszugleichen galt.

Was er im Krieg nicht geschafft hatte, schaffte er im Frieden, als er eine landwirtschaftliche Ausstellung besuchte. Natürlich war es etwas anderes, im Frieden nach Paris zu fahren als im Krieg, und er fand auch nichts an Paris, was ihn beeindruckt hätte, ganz im Gegensatz zu Franziska, die er auf die Reise mitgenommen hatte, um ihr ein Stück der großen Welt zu zeigen.

Jahre später gingen sie ein zweites Mal zusammen nach Paris, da war sie schon verheiratet. Während er noch immer versuchte, seine Maschinen loszuwerden, schlenderte sie durch die Modeboutiquen auf der Rue de Rivoli. Am Abend trafen sie sich zum Essen, fuhren mit der Droschke durch das nächtliche Paris oder besuchten eines der Revuetheater.

Auf einer dieser nächtlichen Vergnügungsfahrten auf der Seine hatte sie diese Idee von der Modeboutique. Vielleicht hatte sie die Idee schon lange, aber jetzt erst erzählte sie ihm davon, und er, der Alte, war sehr angetan, weil er fürs Geschäftliche immer etwas übrig hatte und sie vielleicht schon als Geschäftsinhaberin vor sich sah. So wurde die nächtliche Seinefahrt zugleich zu einer Fahrt in eine schönere Zukunft, und wenn sie später dem Vetter aus Zürich, dem Schauspieler, einmal davon erzählte, dann doch nur, weil dieser Traum noch immer in ihr war. Als sie zurückkehrte und dem Glücklichen davon erzählte und das Projekt in allen Farben ausmalte, war er hingerissen – von ihrer Begeisterung. Dann verließen sie die Stadt, und der Traum schien ausgeträumt.

Ich hatte großen Respekt vor dem Alten. Ich bestaunte seine Großzügigkeit und die Unverfrorenheit, mit der er Grobheiten mit Hilfe von Geschenken aus der Welt zu schaffen suchte. Ich liebte den Duft seiner Zigarren, und jetzt, wo ich Mühe habe, mich an seine Gegenwart zu erinnern, nimmt auch die Erinnerung an seine Herrschsucht ab, mit der er sich und anderen das Leben schwer gemacht hatte.

Wenn er allein in seinem Zimmer saß und in das Gezweig der Kastanie vor dem Fenster blickte, war er wie einer, der Geheimnisse in sich trug. Vielleicht träumte er von Pferden, er verstand viel von Pferden, das kam von seinen Besuchen bei den Bauern. Zum Schulabschluß wollte er mir ein Pferd schenken, aber ich wollte keines. Als bekannt wurde, daß in Island Pferde geschlachtet werden sollten, weil man sie nicht mehr brauchte, tat er sich mit anderen zusammen, um Stallplätze für die Pferde zu finden. Er hatte etwas gegen Pferdesport, fragte, warum die Leute nicht selber über die Hindernisse sprangen. Aber dann hatte er auch nichts dagegen, wenn man Pferde im Krieg einsetzte: Die reitende Kavallerie ließ sein Herz höher schlagen, und heimlich bewunderte er die polnischen Reiterarmeen, die so furcht- und fruchtlos gegen die deutschen Panzer anstürmten. War er zu Besuch bei uns, ging er ins Dorf hinauf, sah in die Ställe, unterhielt sich mit den Bauern über Saat, Milchleistung, Schweinehaltung, Aufzucht der Ferkel, über Schwing- und Schälpflüge, über Düngemittel, übers Obst, vor allem aber: über Pferde.

Vier-, fünfmal im Jahr kam er herauf, manchmal mit Tante Ottilie, manchmal allein.

Er kam wegen Franziska.

Manchmal, wenn er dann vor dem Haus stand, konnte man meinen, er käme wegen des Hauses. Er liebte Häuser aus Holz und festem Fundament. Holz, so der Alte, sei Leben, im Haus aus Holz lebten die Bäume, lebte der Wald weiter.

Er hörte gern Radio, las mit Sorgfalt die Zeitung und äußerte sich darüber in seinen Sonntagsbriefen. Er interessierte sich für Scharnhorsts Totenmaske ebenso wie für die

Erdbeben in Chile oder die Palästinenserserien im Tagblatt. Er bewunderte Bismarck und Luther, obwohl ich ihn kein einziges Mal in die Kirche habe gehen sehen. Er bestaunte Hitler, weil der den Zollschutz für Käse und Schweine eingeführt und den Bauernstand gerettet hatte. Aber dann wollte er nicht verstehen, warum man auf die Kolonien verzichtete, nur um den Engländern einen Gefallen zu tun. Für alles Unglück in der Welt machte er die Pfaffen und Juristen verantwortlich. Und die Engländer. Er verfluchte den Bürokratismus und die Zinsherrschaft, weil sie dafür sorge, daß das Geld bleibe, wo es sei. Er lachte wenig, und wenn er lachte, war es ein kaltes Lachen. Die Wahrheit ist, daß er die menschliche Gesellschaft für einen Termitenhaufen ansah. Vielleicht war Franziska der einzige Mensch, den er wirklich liebte. Möglich, daß er sich nicht verzieh, daß er sie hatte gehen lassen. Sein Verhältnis zum Glücklichen aber litt nicht darunter, denn es war das Verhältnis von zwei Menschen, die entschlossen waren, einander zu ertragen, und sei es nur Franziskas wegen.

13

Einmal in der Sonntagsfrühe wanderten der Glückliche und ich zu den Wutachflühen. Es war noch im Sommer, doch der Herbst kündigte sich schon an mit fallendem Laub und schwindendem Licht. Immer wieder blieben wir stehen, weil der Glückliche mich nach diesem oder jenem Gesträuch befragte, an dem wir vorüberkamen. Meistens mußte ich passen, weil ich mir auch nach dem dritten oder vierten Mal den Namen nicht merken konnte, ich habe kein Gedächtnis dafür. Auch später, als ich mir ein Herbarium anlegen mußte, hatte ich Schwierigkeiten mit den Namen. Aber dann fragte er nicht nur nach Namen, sondern wollte wissen, wann die

Buchen zu blühen anfangen, welcher Vogel um diese Zeit singe und wie die Blumen die Insekten anlockten.

Über die Natur kann man nie genug wissen, sein geflügeltes Wort. Für einen Archäologen wußte er ja auch eine ganze Menge. Am meisten wußte er über Steine Bescheid. Nie wieder habe ich einen Menschen getroffen, der den Steinen eine solche Aufmerksamkeit schenkte. Es gab ja auch nichts, was er in der Natur als wertlos angesehen hätte, das Wort ›wertlos‹ existierte nicht in seinem Wortschatz.

Am späten Morgen erreichten wir den oberen Teil der Schlucht, dann schloß sich das Blätterdach über uns, und wir stiegen die Flühe hinab. Es roch nach grüner Fäulnis. Nur das Rauschen des Flusses war zu hören. Als wir unten ankamen, blieb der Glückliche stehen und betrachtete die Felswand über uns, wer weiß, welche phantastischen Gedanken durch seinen Kopf gingen.

Wir gingen eine Stunde.

Dann stiegen wir auf dem krummen, glitschigen Felspfad die Klamm hinauf. Nicht lange danach befanden wir uns plötzlich auf einer Anhöhe, von der man einen unerwarteten Blick auf die umliegenden Höhen hat. Aber es waren nicht die Höhen, auf die es der Glückliche abgesehen hatte, sondern die Felsnadel vor uns, ein Monolith von vielleicht drei Meter Höhe, dahinter befand sich eine Felswand. Erst als wir eine Weile schweigend vor der Felsnadel gestanden hatten, entdeckte ich die Löcher.

»Warum schaust du nicht?« hörte ich den Glücklichen sagen.

Da schaute ich durch die Löcher.

Was ich sehe, wollte der Glückliche wissen.

Was ich sehe? Die Felswand.

Und auf der Felswand?

Licht und Schatten.

Der Glückliche nickte.

»Der Stand des Schattens ist der Stand der Zeit.«
Der Glückliche, der in Gleichnissen sprach.
Ich betrachtete die glatte Felswand, keine Verformungen, auch keine Einkerbungen oder Markierungen.
»Mit Markierungen wäre es noch schöner«, bemerkte der Glückliche, »aber auch so bleibt es ein bewundernswertes, wenn auch einfaches Beispiel für den menschlichen Weitblick.«
Was meinte er nur?
Der Glückliche, der leise vor sich hinsummte.
»Nicht nur, daß man die Stunden bestimmte, auch die Tage, die Jahre, wer weiß, vielleicht den Lauf der Sonne.«
Er brach ab und schwieg, als sei er dabei, ein Geheimnis zu verraten.
Er hatte mich – kein Zweifel – in eine Entdeckung eingeweiht, die außer ihm keiner zu kennen schien. Eine Sonnenbeobachtungsstelle? In dieser verlassenen Gegend?
Er lächelte.
Ein Observatorium.
Und diesmal schien es, als lachte er wie über einen Scherz.
Gegen Mittag kehrten wir in der Wutachmühle ein, und kaum hatte das Mädchen die Schorle gebracht, fing er an, von den Himmelsvorstellungen der alten Völker zu erzählen, von Sonnentempeln und Sonnenkulten, von den Inkas, die glaubten, daß die Sonne aus dem Titicacasee aufgestiegen sei, womit das Leben begonnen habe, und daß die Sonne einmal verlöschen werde wie ein Fackel im Schnee, womit das Leben auf der Erde auch wieder zu Ende gehe.
Während er noch so redete, blieb sein Blick am Boden unter dem gegenüberliegenden Fenster hängen, auf dem sich das Licht der hereinfallenden Mittagssonne gleichmäßig ausbreitete: möglich, daß er auch den Boden unter dem Fenster als eine Art Sonnenbeobachtungsstelle ansah.

Aber dann schien ihm etwas anderes eingefallen zu sein, denn er legte das Geld auf den Tisch, trank sein Glas leer und stand auf.

Die Erde hatte ihn wieder.

14

Über Nacht war der Winter da, mit Schnee und Frost und einer kalten Sonne. Der Glückliche stellte seine Arbeiten am See ein, und Franziska machte ihre Weihnachtseinkäufe und ließ den Bury mit dem Brennholz kommen, und der Bury wußte jetzt schon, daß es ein kurzer, klarer Winter werden würde wie Anno neunzehn, als er auf Brautschau ging, während die Revolutionäre im Tiergarten Hirsche schossen.

Und so war es.

Wie immer am Ende des Jahres holte der Glückliche Löffel und Bleikugeln, die ein jeder übers Feuer hielt, um sein wahres Glück zu erfahren, indem er halb tiefsinnig, halb belustigt die Verformungen betrachtete, aus denen so viel herausgelesen werden durfte.

Der Glückliche sah überall nur Glückszeichen, der Alte hielt das Ganze für einen Schabernack, und Franziska hielt den Alten für einen Spielverderber, dann erklärte sie ihm die Form der Kugel, die auf ein langes, zufriedenes Leben hinwies. Aber der Alte wollte nichts davon wissen. Er erinnerte sich, wie vor dem großen vaterländischen Krieg schon dieser Unfug umging, Sterngucker und falsche Propheten, und der Kaiser habe am meisten auf sie gehört, und an der Marne, mitten im Siegeszug, habe man nur deshalb angehalten, weil einer der Kommandeure eines Morgens in seinem Stiefel ein Vogelei fand, und Douaumont wurde deshalb so spät gestürmt, weil der Wetterprophet in kaiserlichen Diensten einen Schneefall vorausgesagt hatte, und das mitten im Sommer.

Der Alte, der dicke Wolken von Rauch ausstößt, dessen Stimme vor Erregung zittert, wenn er nur daran denkt.

»Wir haben den Krieg verloren, nicht weil wir schwächer, sondern weil wir dümmer waren: Wir haben auf Taschenspieler gehört. Wir waren sogar zu dumm, um uns mit genügend Schießpulver einzudecken, nur weil einer dieser kaiserlichen Hellseher vom kürzesten Krieg aller Zeiten faselte. Und wäre nicht dieser Wie-heißt-er-noch-Pazifist gewesen, der das Schießpulver aus der Luft erfand, hätten wir die Gewehre gleich in die Ecke stellen können, wo sie vermutlich noch heute stünden.«

Einen Augenblick ruhen alle Augen auf dem Alten.

»Es ist wahr«, bemerkt der Glückliche nach einem kurzen Schweigen, »daß jener Krieg zu lange dauerte, dafür ist dieser Krieg schon zu Ende, bevor er überhaupt richtig begonnen hat, und dafür wollen wir dem Schicksal dankbar sein.«

Der Schauspieler ist sich gar nicht so sicher.

»Geht es denn nicht um mehr als um Polen?«

Aber der Glückliche glaubt nicht, daß England oder Frankreich einen Krieg wollen, und auch nicht Hitler, nachdem er doch alles bekommen hat, was er wollte.

»Aber hat er denn alles bekommen, was er wollte?«

Franziska schüttelt den Kopf.

»Was sollte er denn sonst noch wollen?«

Tante Ottilie weiß, daß es nicht am Führer liegt, wenn es nicht zum Frieden kommt. Zweimal hat er England den Frieden angeboten, was dieses nicht daran hinderte, die Russen aufzuhetzen, aber das kennt man ja aus der Geschichte, spätestens seit Deutschsüdwest, als es die Hottentotten aufwiegelte oder später die Polen in Bromberg, was dann den Führer bekanntlich zu seiner Gegenoffensive veranlaßte. Nein, Tante Ottilie läßt sich nichts vormachen, auch nicht vom Schweizer Radio, das sie sowieso nicht mehr hört, auch nicht den Doktor von Salis.

»Mir ist der Russe lieber als der Engländer«, brummt der Alte, »aber jeder in seinem Land, allerdings den Engländer mag ich nicht mal in seinem Land.«

Der Glückliche ist sich sicher, daß die Sehnsucht nach Frieden noch nie so groß war, selbst in England, und hat Chamberlain nicht oft genug erklärt, daß eine Kriegserklärung und ein Krieg zwei verschiedene Dinge seien?

Der Schauspieler nickt, antwortet mit einem passenden Vers von Shakespeare und beobachtet Franziska, wie sie den Kaffeetisch deckt.

Der Duft von Kaffee, den der Schauspieler aus Zürich mitgebracht hat, die Stimme der Maria Cebotari, die aus dem Grammophon erklingt, als sei sie leibhaftig zugegen.

»Du lieber Mond so silberzart.«

Der Schauspieler, der die Cebotari in Mailand gehört hat, eine große Sängerin, die nur einen Fehler hat, daß sie nicht weinen kann; wenn sie weint, lachen die Leute. Jetzt läßt sie das Weinen, und man nimmt es ihr nicht einmal übel, so tolerant ist man in Italien.

»Frag' ich mein beklommen Herz.«

Eine Stimme, die wie eine Glocke anschlägt, so rein, so klar. Was für eine Sängerin! Alle großen Sängerinnen kommen aus Italien. Dabei ist die Cebotari gar keine Italienerin, möglicherweise ist auch der Caruso kein Italiener. Bei Italienern weiß man das nie so genau!

Tante Ottilies Fotoalbum, das über den Tisch wandert, mit Bildern von der Stadt, vom Hauptwochenmarkt, vom Ausflug ins Markgräflerland, von der Häuserbeflaggung, von der Hauskatze, vom Alten im Lehnstuhl. Einmal fällt ein Bild aus dem Album, das Bild einer Frau mit einem riesigen Strohhut, auf einer Kaffeeterrasse sitzend, lachend und voller Lebensfreude, und jeder starrt auf die Frau, und der Alte erkennt sie nicht wieder.

Der Punsch, der Viertelstundenschlag der Uhr, der die Zeit zerhäckselt, der zunehmende Lichtschein hinterm Kamm, der Schauspieler, der sich ans Klavier setzt, um eines der Wiener Couplets zum besten zu geben, am liebsten mit Franziska zusammen, während der Alte noch immer ratlos auf das Bild der Allzufrühverstorbenen starrt. Das war die Zeit, in der Franziska anfing, unruhig zu werden, und in der der Glückliche, angerührt von all der augenscheinlichen Vergänglichkeit, zu einer kurzen Rede ansetzte, in der er alles Glück der Welt beschwor. Dann die Glockenschläge hinterm Kamm, Umarmungen, der Austausch von Freundlichkeiten, man trat hinaus auf die verschneite Terrasse, schaute zum Himmel, der voller Sterne war – ein gutes Zeichen –, und während man wieder in den warmen Raum zurückkehrte, stand der Glückliche noch immer draußen, sei es, um den glückbringenden Kometenschweif abzuwarten, oder sei es nur, um sich am Anblick der strahlenden Venus zu erfreuen.

15

Als der Schnee zu schmelzen begann, fuhren wir mit dem Zug in die Stadt hinunter, überquerten die weiße Hochfläche der Baar, und als es ins Tal hinunterging, fing es auf einmal an, nach Frühling zu riechen, aber natürlich war es noch nicht Frühling.

Der Alte hatte ein Taxi vorfahren lassen, aber Franziska wollte nicht mit dem Taxi fahren, also gingen wir zusammen die Bahnhofstraße hinauf, die Rathausgasse, die Salzstraße, der Alte und Franziska Arm in Arm. Auf der Brücke blieben wir stehen, weil Franziska stehenblieb, sie blieb immer auf Brücken stehen. Von der Brücke aus sah man von weitem das Haus, ein weißes, dreistöckiges Eckhaus mit einem winzigen Vorgarten und und einem Gitterzaun. Die Wohnung des Alten: ein scheinbar einziger riesiger Wohnraum, Fotographien an den Wänden, ein Jagdgewehr über der Couch, ein Kanarienkäfig neben der Tür, ein Kronleuchter, dessen Kristallzapfen klirrten, wenn die Straßenbahn vorbeifuhr.

Tante Ottilie stellte dem Alten die gefütterten Hausschuhe vor die Füße.

Aber zum Teufel mit den Hausschuhen, der Alte brauchte keine gefütterten Hausschuhe, was er brauchte, war erst mal ein Kirsch zur Stärkung. Auch der Glückliche hatte nichts gegen einen Kirsch zur Stärkung, und während die beiden Frauen sich in die Küche zurückzogen, streckten die beiden Männer die Beine von sich und redeten über den Kirsch oder über das Wetter oder das allgemeine Wohlbefinden des Alten, dem es nicht schlecht ging, ein bißchen Asthma, ein bißchen Rheuma, man war zufrieden. Aber dann dieser Summton in der Luft. Der Alte kannte den Ton noch von Anno dreizehn, vierzehn, der gleiche Ton. Der Glückliche konnte nichts hören, vielleicht lag es am Gehör. Erst als Franziska auftauchte, schien der Ton verflogen.

Der Duft der Bratensauce.

Der Alte sah auf einen ordentlichen Sonntagsbraten. Am liebsten aß er Wild, Reh mit Birne, Fasan mit Kastanien. Nur dessentwegen war er während der Saison regelmäßig ins Elsässische hinübergefahren, nie wieder aß er solche Hirschmedaillons wie in Metzeral. Das war es, was er an den Franzosen schätzte, den Gaumen, weiß der Teufel, wo sie den her hatten. Auch der Glückliche schätzte einen guten Gaumen, aber dann brauchte man doch nicht gleich nach Metzeral zu fahren, ein feiner Rindsbraten tat es auch, und Tante Ottilies Braten konnte sich sehen lassen.

Tante Ottilie hatte Karten für den »Vogelhändler«-Film zurücklegen lassen. Aber da der Alte sich nichts aus der Singerei machte, fuhr man mit der Straßenbahn hinaus zum Eisstadion, wo eine Regimentskapelle spielte, und während die Eisläufer, Männer, Frauen, Kinder, übers Eis flitzten, bedauerte der Alte plötzlich, daß er seine Schlittschuhe zu Hause gelassen hatte. Und während er seinen Blick nicht von den Eisläufern wandte, behauptete er, daß er die Allzufrühverstorbene beim Eislaufen kennengelernt habe, sie seien schweigend so lange nebeneinanderher gefahren, bis das Eis gebrochen sei und sie beschlossen hätten, für immer zusammenzubleiben, aber nie seien sie sich so nahe gewesen wie damals. So oder ähnlich sprach er, und es war eine der wenigen Male, daß ich ihn von seiner Frau, Franziskas Mutter, reden hörte.

Einmal sahen wir einen Zeppelin über der Stadt schweben, und Tante Ottilie erklärte, daß es wenige Erfindungen in der neueren Zeit gegeben habe, die so genial seien wie die Erfindung des Zeppelin, nur schade, daß er so leicht entflammbar sei, und sie blickte auf den Zeppelin, als erwarte sie, daß er gleich in Rauch und Flammen aufgehe. Aber der Alte knurrte, es sei der reine Unsinn, was über den Zeppelin erzählt werde, und der sei doch nur von den Engländern in die Welt gesetzt worden, um den deutschen Pioniergeist madig zu machen. Damit habe es schon angefangen, bevor das erste Luftschiff überhaupt aufgestiegen sei, und wenn wirklich einmal etwas passiert sei wie in Lakehurst, als die »Hindenburg« zur Landung ansetzte, dann doch nur, weil einer von diesen Churchill-Leuten das Bodenpersonal bestochen habe.

Später hatte der Glückliche noch etwas in seinem Institut zu erledigen. Es war nicht das erste Mal, daß ich ihn hinbegleitete, und noch heute verspüre ich diese Stille im Hausinnern, als wäre man aus der Welt. Und dann der Glückliche, der vor seinem Arbeitstisch steht, an seinem wahren Ort: umgeben von Schabern, Pinseln, Gläsern, Scherben, Steinfiguren: eine Frau, nicht größer als eine Hand: ein Kopf, zwei riesige Brüste, darunter ein Bauch, in dem ein Paar winzige Füße stecken.

»Es sieht nicht gut aus um unsere Schöne, aber wir werden alles tun, um sie am Leben zu erhalten.«

Der Glückliche, der wie ein Arzt spricht.

Der Glückliche, der auf einen Stein mit einem Loch in der Mitte zeigt, während er nach irgendwelchen Papieren in seiner Schublade sucht.

»Ein Mahlstein?«

»Ein Mahlstein ist größer.«

Der Glückliche setzt seine Amtsmiene auf, summt vor sich hin.

»Ein Seelenstein: die Seele des Begrabenen, die durch das Loch entweicht; vielleicht ist es aber auch etwas ganz anderes.«

Der Glückliche lacht.

»Was man nicht erklären kann, das sieht man dann als kultisch an.«

Der zweite Glaubenssatz der Archäologen.

»Wir wissen immer noch zu wenig, vielleicht ist es nicht einmal der Rede wert.«

Und der Glückliche steht einen Augenblick da, als wisse er wirklich nicht weiter.

Beim Hinausgehen blieb mein Blick wie immer auf der großen Entwicklungstafel hängen, und der Glückliche, dem mein Blick nicht entgangen war, schaute mit mir auf die Tafel.

»Die Entwicklung des Menschen dauert nun schon Hunderttausende von Jahren, da darf man mit dem Menschen, der noch die Nachwehen der Eiszeit in sich hat, schon noch ein wenig Geduld haben.«

Tante Ottilie und Franziska, die mit dem Kaffee warteten.

»Wir haben uns die Venus von Engen angeschaut«, erklärte der Glückliche unser Zuspätkommen.

Tante Ottilie, die uns Kaffee einschenkte, hielt erstaunt inne.

»Die Venus von was?«

Der Glückliche lächelte mild.

»Die Venus von wo!«

Wie immer kamen wir viel zu früh am Bahnhof an. Einmal stand ein Junge in Uniform vor uns, hielt uns seine Sammelbüchse unter die Nase wie einen Revolver, und Tante Ottilie erklärte laut, während sie ihr Geldstück in die Büchse warf, daß jeder in diesen Zeiten seinen Beitrag für die Gemeinschaft leisten müsse. Dann wurde die Sperre geöffnet, und Franziska umarmte ihren Vater, und Tante Ottilie verlangte, daß wir das nächste Mal länger blieben. Nur der Alte sagte nichts, er winkte uns auch nicht nach, als der Zug aus dem Bahnhof rollte.

16

Einmal heulte es in den Kaminen, Dachziegel flogen in die Luft, der Kirchturm von Randendorf begann zu schwanken, und überall hörte man die Sirenen der Feuerwehr. Dann beruhigte sich die Natur, und andere Bilder tauchten auf, Soldaten, die plötzlich vor dem Horizont erschienen, wie Gangster, Gestellungsbefehle flatterten in die Häuser, und der Lärm im Radio nahm zu. Und wie man sich noch den Kopf zerbrach, wohin dies alles führen mochte, wurden Heere in Marsch gesetzt, die wie Heuschrecken in andere Länder einfielen, und während Sedan mit zweihundert Mann und einer Blaskapelle erobert wurde, meldete sich Marius zum zweiten Mal an die Front, vermerkte der Alte in seinem Sonntagsbrief mit Erstaunen, daß das, was die Alten in vier

Jahren nicht schafften, die Jungen in wenig mehr als vier Wochen erreichten. War dies die neue Zeit? Dünkirchen, Paris, Reims, jeder Tag ein Sieg, und während die Glocken noch im Siegesrausch läuteten, hauchte der Krieg schon wieder sein Leben aus.

War es überhaupt ein Krieg?

Tante Ottilie behauptete, daß es kein Krieg war, sondern eher eine Art Präventivschlag gegen die Einkreisung, eine Aktion zur Verhinderung eines wirklichen Krieges, den gewisse Mächte im Begriff wären anzuzetteln, geheimnisvolle Weißbücher belegten es, und die Schweizer sagten es einem an der Grenze ins Gesicht, und Charles Lindbergh, der große Ozeanflieger, hatte es bestätigt: der Führer als Friedensretter.

Selbst der Glückliche, der sich ratlos in die Fundberichte der Antiquarischen Gesellschaft vergraben hatte, schien dieser These nicht ganz abgeneigt zu sein, jedenfalls widersprach er nicht. Nur Franziska fand es seltsam. Hatte es nicht Tote gegeben? Dies war der Preis. Der Preis wofür? Der Preis für den Frieden, den endgültigen, unabänderlichen, unwiderruflichen, unumstößlichen Frieden, den ewigen Frieden, wie ihn der große Königsberger vorausgesehen hatte.

Und dann immer wieder die Frage: Wer war dieser Mann wirklich, der der Welt das Staunen lehrte? Eine germanische Lichterscheinung, ein entlaufener Irrer, ein Spieler? Julia, die sich fragte, ob Hitler den bösen Blick habe, bekanntlich hatte sich noch kein Vogel auf seine Schulter gesetzt. Wer stand hinter ihm, wer hielt die Hand über ihn, der Weltgeist, die Vorsehung oder das Kapital? Dann zitierte der Glückliche einen berühmten Schweizer Historiker, wonach die Geschichte es zuweilen liebe, sich in einem einzigen Menschen zu verdichten, dem dann die ganze Welt gehöre. Aber was für einen Sinn habe es, wunderte sich Franziska, daß einem allein die ganze Welt gehöre?

Aber da hatte sich der Glückliche schon wieder seinen Fundberichten zugewandt.

In jenen Tagen schaute der Schauspieler auf einer Durchfahrt herein. Es war an einem Mittag, Franziska und Julia waren beim Beereneinmachen, während der Glückliche in der Stadt war. Der Schauspieler schwenkte von der Höhe seinen Strohhut, begrüßte die beiden Frauen mit einem Handkuß, steckte die Nase in die Beerentöpfe, holte seine Geschenkpäckchen aus diversen Manteltaschen und setzte sich ans Klavier. Später führte er uns zum Essen aus.

Wir kehrten im »Hohen Randen« ein, wo um diese Zeit die Durchreisenden, Vertreter und Viehhändler zu Mittag aßen. Wir hatten unser Essen noch nicht bestellt, als die Tür aufgerissen wurde und eine Horde Ausflügler aus dem Norden hereinstürzte, die leerstehenden Tische in Besitz nahm und laut durcheinanderschrie. Erst als das Essen kam, wurde es stiller. Aber kaum waren sie mit dem Essen fertig, begann das Geschrei von neuem, Bierkrüge wurden aneinandergestoßen, Witze erzählt, Lieder gegrölt, dann drehten sich ein paar von den Männern nach einem der hinteren Tische um, an dem einer der Viehhändler saß, ein alter Mann aus dem Nachbardorf, den sie dort Isaac den Gimpel nannten, weil seine Stimme den Pfeifton eines Gimpels hatte, und wieder verstummte der Lärm. Jetzt starrten alle auf den Viehhändler, der sich nicht rührte, und einer von den Ausflüglern, ein kleiner Dicker mit rotem Gesicht, stimmte, den Blick auf den Viehhändler gerichtet, eines von diesen anzüglichen Liedern an, und andere stimmten lachend mit ein, bis von draußen die Hupe ertönte. Da leerten die Ausflügler auf Kommando ihre Gläser und stürmten hinaus, und der Wirt räumte die Tische ab, und Julia ging nach Hause, und zu dritt stiegen wir zum Randenkopf hinauf, von wo man an besonderen Tagen sogar die Dächer von Schaffhausen sehen soll.

Es roch nach Gras, und die Luft zitterte vor Wärme.

»Ist es nicht ein Schande?« entrüstet sich Franziska.

Der Schauspieler zuckt mit den Schultern.

»Sie waren betrunken.«

»Was ändert das?«

»Anderswo singt man nicht nur anzügliche Lieder«, bemerkt der Schauspieler.

Das ferne Knarren der Heuwagen, das endlose Gezirpe der Feldgrillen. Der Schauspieler, der auf die grünen Hügel blickt.

»Am Rand der Welt zu leben kann ein Glück sein.«

»Ach«, sagt Franziska und legt den Kopf ins Gras, »was heißt schon Glück?«

Der Schauspieler betrachtet Franziskas Kopf im Gras.

»Man darf nicht zu viel verlangen.«

»Man darf auch nicht zu wenig verlangen.«

»Wie wahr!« flüstert der Schauspieler und beugt sich über Franziska.

»Damit der Mensch einen Halt findet«, sagt die flüsternde Stimme aus dem Gras, »erschuf Gott den Engel.«

»Und wenn der Engel selbst keinen Halt findet?«

»Aber ein Engel findet immer einen Halt«, insistiert die flüsternde Stimme, »das macht sein Wesen aus.«

Es war ein endlos langer, einschläfernder Mittag, und wenn ich mich an ihn erinnere, dann, weil der Schauspieler an jenem Mittag in wunderlichen Wendungen daherredete, ich verstand auch nicht viel, vielleicht auch, weil er so leise redete. Später dann fing er an, von Zürich zu erzählen, von den Dampferfahrten auf dem See, von Sommerfesten am Zürichberg, das interessierte mich mehr, und Franziska schien nicht genug davon hören zu können.

Dann stieg die Rauchfahne hinterm Wald auf, und es war Zeit, zu gehen.

Das schmale, sandsteinrote Bahnhofsgebäude, der kleine, mit Lärchen bepflanzte Bahnhofsplatz.

Der einzige, der außer uns auf den Zug aus der Stadt wartete, war der Bahnhofsvorsteher, ein immer freundlich blickender Mann mit großen, hervorquellenden Augen.

Es stiegen nur wenige aus, unter ihnen der Glückliche.

Der Glückliche, der Franziska wie immer überschwenglich begrüßte wie nach einer langen Trennung und den Vetter wie einen Bruder umarmte. Der Glückliche mochte den Schauspieler. Jeder mochte ihn, Julia mochte ihn, weil er galant war, Franziska mochte ihn, weil er ein Stück Welt ins Haus brachte, und der Glückliche mochte ihn, weil er überhaupt Menschen mochte.

Zu viert stiegen wir ins Tal hinab.

17

Marius hatte einen Schießstand aufgebaut, eine Vogelscheuche, aber dann schoß er lieber auf lebende Objekte. Wenn er auf Tauben schoß, blieben die einen Augenblick lang senkrecht in der Luft stehen, bevor sie flügelschlagend zur Erde stürzten. Am liebsten schoß Marius auf Spatzen, weil Spatzen nicht so leicht zu treffen sind, Tauben oder Wachteln schießen ist keine Kunst, oder Kaninchen, nur gab es zu wenige davon. Einmal würde Marius auf den Ortsgruppenleiter schießen, weil der ein Onkel von ihm war und es nicht zuließ, daß er an die Front durfte. Marius hatte Moltkes Schlachtenpläne im Kopf so gut wie die Erinnerungen des Generalobersten von Einem, er kannte den berühmten Feldzug der Achtzehn Tage im Detail und wußte, was Napoleon falsch gemacht hatte. Den Blitzkrieg gegen Frankreich hatte er noch einmal nachgespielt, er hatte nur nicht verstehen können, warum Hitler die Engländer über den Kanal entkommen ließ.

Es ist noch früh am Morgen, durchs Tal zieht der Nebel, es wird ein schöner Tag werden.

»Wie korrupt sie sind!«

Marius zielt auf die Vogelscheuche.

»Wozu ist die Revolution gut«, fragt Marius, »wenn die Korruption nicht abgeschafft wird oder die Ungerechtigkeit, die zum Beispiel daran besteht, daß der eine an die Front darf und der andere nicht. Das erste, was Lenin beseitigen wollte, war die Korruption, auch Cromwell war so einer oder Robespierre. Einmal hat Lenin zu seinen Leuten gesagt: Wer mit leeren Taschen geht, der trete vor, und keiner ist vorgetreten, so korrupt waren sie; da hat Lenin die Revolution für beendet erklärt.«

Wenn sich der Nebeldampf verzieht, taucht ein Kopf auf dem Damm auf, wenn der Kopf größer wird, hebt Marius das Gewehr. Es ist der Doktor.

Am Horizont wird der Schatten eines Fliegers sichtbar, aber der Flieger ist zu weit entfernt, um ihn auszumachen. Mölders hat drei auf einmal heruntergeholt. Marius zielt mit dem Gewehr in die Luft. Wir sind stolz auf Mölders, wir sind stolz auf die Infanterie, die Panzerjäger, die in weniger als sechs Wochen Paris genommen haben. Am meisten stolz aber sind wir auf die Flieger. Die Krone der Schöpfung: der Jagdflieger. Einer wie Stahl oder Galland oder Oswald Boelcke. Flieger sein! Das wäre was! Wahrscheinlich gab es nichts Größeres, und dem Himmel gehörte die Zukunft. Jedes Jahr wurden neue Linien eröffnet, und Heinkel glaubte, daß es um 1950 herum möglich sein werde, mit einer vier- bis sechsmotorigen Maschine in zwölf Stunden von Berlin nach New York zu fliegen. Er nannte sie Düsenflugzeuge, weil sie durch Düsen angetrieben wurden und sich wie Tintenschiffe bewegten. Eines Tages würden Flugzeuge den Schall durchbrechen oder in der Luft auftanken oder vollautomatisch den Himmel durchqueren, das ahnte man. Wir Deutschen mußten nur aufpassen, daß wir die ersten waren, aber warum sollten wir nicht die ersten sein, wo wir doch meistens die ersten waren?

Das Tal, die Stille; kein Zweifel: Wir lebten in einer anderen Welt – und weit draußen das Reich!

Wie lange würden sie Marius noch warten lassen? Aber dann konnten sie einen wie ihn doch gar nicht warten lassen, einen, der Moltkes Schlachtenpläne im Kopf hatte und allein ein Flakgeschütz in Stellung brachte und aus fünfzig Metern einen Sperling im Flug traf. Ein Vierteljahr, ein halbes Jahr, wer weiß, vielleicht ging es auch schneller. Vielleicht würde ich ihn noch beneiden, vielleicht mochte ich auch gar nicht fort, weil ich noch zu jung war und kein MG in Stellung bringen konnte, aber ein MG mußte man in Stellung bringen können, wenn man an die Front wollte.

Marius zog sich mit umgehängtem Gewehr am Baum hoch, das wiederholte er mehrere Male, und es gehörte zur Grundausbildung.

»Sie ziehen noch immer den Adel vor«, behauptete Marius. »Das ganze Offizierskorps in adeliger Hand, auch das muß anders werden: Napoleon hat die Bauern zu Generälen gemacht.«

Vielleicht hatte Marius Pech, und sie würden ihn nie holen, und er würde auch die nächsten dreißig Jahre seine Klimmzüge machen und Ein- und Ausbrecher jagen, aber nie einen richtigen Feind zu Gesicht bekommen; aber dann war der Krieg ja noch lange nicht zu Ende, auch wenn die Franzosen aufgaben. Aber wer waren schon die Franzosen!

Da waren die Engländer aus anderem Holz geschnitzt, Sir Walter Raleigh, Livingstone, Lord Kichener, General Taylor, Cecil Rhodes. Tapferes, perfides Albion! Es schien, als wären die Engländer sein Wunschgegner.

Marius langte in die Tasche und zog ein Führerbild heraus, ein Glanzfoto, auch in Zivil sah der Führer wie ein Führer aus, möglicherweise war er der einzige Mensch auf der Welt, der den Engländern das Handwerk legen konnte, dabei hatte er ihnen die Freundschaft angeboten. Großdeutschland und Großbritannien zusammen: nicht auszudenken! Marius steckte das Foto in die Tasche zurück, machte Liegestützen, bis es ihm zu dumm wurde. Dann beobachteten wir den Himmel. Auch die Amerikaner durfte man nicht aus den Augen lassen. Die Korruption, die Demokratie, das Falschgeld, die Pilzkrankheiten, kam das nicht alles von dort?

Einmal fangen die Glocken hinterm Tal zu läuten an, weil der Pfarrer den Segen gibt und die Leute nach Hause wollen. Das ist der Augenblick, wo Marius sich das Gewehr umhängt und wir weiter das Tal aufwärts ziehen.

18

Ich stehe noch immer vor der Gartentür, und je länger ich das Haus betrachte, desto vertrauter erscheint es mir, so, als könnte man in Stunden die Jahre überspringen, aber natürlich kann man die Jahre nicht überspringen, es waren zu viele, und zu viel liegt dazwischen. Ich könnte jetzt nach Hause fahren, irgendwo zu Abend essen und später noch die Akten einsehen, die auf dem Schreibtisch liegen. Statt dessen stehe ich vor diesem Gartentor, das übrigens neu ist, starre auf dieses Haus, das mir nicht gehört und mit dem mich doch nichts mehr verbindet. Warum gehe ich nicht? Vielleicht bin ich neugierig auf den Fortgang der Geschichte, vielleicht will ich mein Gedächtnis auf die Probe stellen. Vielleicht bin ich auch nur müde.

Vielleicht ist es die Neugier. Die Neugier auf jenen Sommer, in dem der Krieg sich wie ein Feuer auf dem Kontinent ausbreitete, die Neugier auf den Glücklichen, der glaubte, einer Rentierstation auf der Spur zu sein, bevor das Feuer auch nach ihm griff.

Am Anfang steht jener Sommerregen. Er kam völlig unerwartet und fiel aus heiterem Himmel: Das Wasser strömte die Berge herab, und die Bäche traten über die Ufer und wurden zu Flüssen, und die Tümpel und Teiche wurden zu Seen, und ein Bergrutsch am Bargener Randen führte zu einer Sperrung der Straße, und am Hohen Randen kam ein Bauer mit seinem Wagen von der regennassen Straße ab und stürzte den Hang hinab, wobei sich beide Pferde den Hals brachen, nur dem Bauer geschah nichts, das konnte er nicht verstehen und jagte sich eine Kugel in den Kopf, was wieder keiner verstehen konnte, der es hörte.

Weil alles Wasser in unser Tal hinabfloß, war der Garten über Nacht ein See, und während Julia um die Aussaat trauerte, entdeckte der Glückliche auch etwas Gutes an der Überschwemmung, die dürstende, ausgetrocknete Erde. Aber dann drang das Wasser in den Keller ein, und es blieb uns nichts anderes übrig, als das Wasser mit Eimern aus dem Keller zu schöpfen.

Es regnete sieben Tage lang, und Julia erinnerte sich, daß es nach dem Tod des vorvorletzten Fürstenbergers auch sieben Tage lang geregnet hatte und daß ihr die Mutter gesagt habe, daß dies so sein müsse, weil der Himmel trauere, weil der Fürst ein so guter Mensch gewesen sei, der jeder Kriegerwitwe in seinem Fürstentum einen Golddukaten geschenkt habe und ein Bild mit seinen drei Namen drauf. Auch nach dem Tod des vorletzten Fürsten habe es so lange geregnet, daß das Korn auf den Feldern verfault sei.

Die Feuerwehr kam und pumpte den Keller leer, doch am nächsten Morgen stand er schon wieder unter Wasser, und Franziska sagte, daß sie keinen Tag länger mehr im Haus bleibe.

Der Glückliche kratzte sich am Kopf und erklärte, er werde jetzt den Regengott Mayab anrufen, damit er ein Einsehen habe.

Das war am Abend.

In der Früh am Morgen lärmten die Sperlinge in den Bäumen, und die Sonne zog mit tausend Fanfaren herauf, und das Wasser zog von dannen, und der See löste sich in Dampf auf, und der Glückliche dankte, auf der Terrasse stehend, seinem Regengott, weil er sein Gebet erhört hatte.

Julia aber schaute mit Entsetzen auf den Garten, von dessen sommerlicher Pracht nichts geblieben war.

An jenem Tag nahm mich der Glückliche zu einer Ausgrabung mit, ich glaube, es war die erste Ausgrabung überhaupt, zu der er mich mitnahm. Wir gingen zu jener bereits erwähnten Rentierstation, auf die er im Frühjahr gestoßen war. Er hatte dort ein paar Tierknochen und eine angerußte Sandsteinplatte, die er als Feuerherd ansah, entdeckt. Ich stand vor dem im Halbbogen abgesteckten, angegrabenen Feld und war enttäuscht, weil es so wenig zu sehen gab, eigentlich nichts. Ich beobachtete den Glücklichen, wie er mit der Kelle die Erde abklopfte, wie er sie aussortierte und sie in verschiedene Säcklein warf, und dies mit einer Hingabe, die mich erstaunte, und je länger ich ihm bei der Arbeit zusah, um so verwunderlicher erschien er mir: ich war dabei, ihn in einem neuen Licht zu sehen. Selten habe ich einen Menschen mit solcher Hingabe bei der Arbeit gesehen, und ich spürte, daß hinter dem, was er da tat, mehr steckte, als Beruf und Neigung, aber ich wußte nicht was.

Wenn ich mich an jenen Tag erinnere, ist es noch mehr wegen jenes Autos, das, als wir am Abend zurückkehrten, vor dem Haus stand. Es geschah nicht oft, daß ein Auto sich ins Tal verirrte.

Dieses Auto hatte sich nicht ins Tal verirrt.

Noch bevor wir das Gartentor erreichten, stieg der Fahrer, ein kleines, grauhaariges Männlein mit einer Aktentasche unterm Arm, aus dem Auto, ging auch sogleich auf den Glücklichen zu, den er sehr freundlich, fast unterwürfig begrüßte, und fragte, ob er ihn unter vier Augen sprechen dürfe. Und also gingen wir zu dritt ins Haus.

Der Glückliche verschwand sogleich mit dem Fremden in seinem Arbeitszimmer, und später, als er mit diesem wieder aus seinem Zimmer trat, schien es, als fühle er sich verpflichtet, besonders sorglos auszusehen, auch seine Stimme schien etwas lauter als sonst, vielleicht eine Spur zu laut. Dann geleitete er den Besucher bis zur Tür, blieb dort mit dem Rücken zu uns stehen, drehte sich um und lächelte. Es war ein irritierendes Lächeln, und spätestens jetzt mußte Franziska gewußt haben, was geschehen war, da sie doch selbst diesen Besuch verursacht hatte.

Erst Jahre später, als schon niemand mehr vom Krieg redete, erfuhr ich es vom Schauspieler, als wir uns in Zürich anläßlich seiner Abschiedsvorstellung im Theater trafen, wie man damals auf diskrete Weise verhindern wollte, daß auch der zweite Gestellungsbefehl verlorenging, nachdem schon der erste seinen Adressaten nicht erreicht hatte: Möglicherweise hatte ihn Franziska in einem unkontrollierten Anfall von Angst und Unverstand einfach verbrannt, ohne daß ihn der Glückliche je zu Gesicht bekommen hatte. Nie hat sie später darüber geredet, auch nicht über jene Tage und Nächte, in denen sie auf den Glücklichen einredete, nachdem die zweite Vorladung in den Krieg jetzt für alle sichtbar vorlag: Was für ein Schwachsinn, einen Menschen in den Krieg zu rufen, der Romain Rolland im Bücherschrank stehen hat und vom ewigen Frieden faselt! Sie will, daß er aufs Wehramt geht, sich UK stellen läßt wie die anderen, redet sich in Rage, und er, steht da, entzückt, kann seine Augen nicht von ihr wenden, dann sucht er sie zu beruhigen, noch immer hingerissen von ihrem heiligen Zorn, der sie schöner macht denn je, aber sie will sich nicht beruhigen lassen, sie will, daß er nein sagt, daß er bleibt.

Vielleicht war es so.

Wenn ich lange zurückdenke, ist mir, als wäre es wirklich so gewesen.

19

Ich sitze im Lesezimmer und betrachte das Bild des Glücklichen in Chamois Matt, das mir Julia beim Frühstück auf den Tisch gelegt hat. Warum hörte er nicht auf sie? Wollte er sein Vaterland retten? Oder sein Institut? Wollte er keine Vorrechte, oder wollte er einfach nur wissen, was das ist: Krieg, um bestätigt zu finden, was er schon lange ahnte?

Der Glückliche: Er nahm die Herausforderung an, aber er schien sich nicht sicher.

Mehr als sonst suchte er ihre Nähe, erklärte ihr, daß es nicht lange dauern könne, vielleicht bis zum Jahresende, vielleicht bis Ostern. Spätestens bis zu ihrem Geburtstag werde er wieder zu Hause sein, das schwöre er ihr, und er werde mit sauberen Händen zurückkehren!

Dann räumte er seinen Schreibtisch leer, schrieb ein paar Briefe und frischte seine Französischkenntnisse auf.

Um jene Zeit herum war es, daß der Doktor wieder einmal hereinschaute. Er und der Glückliche unterhielten sich über die zurückgeschnittenen Rosensträucher, über die Ernte, gingen zweimal ums Haus und später, an der Gartentür, kamen dem Doktor dann jene Worte über die Lippen, die er bis jetzt für sich behalten hatte und die Julia und ich, die wir nahe dabeistanden, mithörten: »Fürchten Sie nicht, in eine Lage zu kommen, der Sie nicht gewachsen sind?«

Was hat er geantwortet? Oder hat er gar nicht hingehört?

Ein ungewohnter, seltsamer Anblick: die Koffer im Flur, die den Abschied scheinbar unumstößlich machen. Ich sehe die Koffer vor mir, und es ist, als spürte ich noch einmal die Unruhe jener Tage. Aber ich begriff nichts. Ich konnte keinen großen Unterschied zwischen dieser Reise und einer seiner Dienstreisen erkennen. Ich wußte nur, daß der Glückliche uns für eine Weile verlassen würde, und ich war mir sicher, daß er nicht lange wegbleiben würde, weil er noch nie lange weggeblieben war. Ich konnte ihn mir ja auch schwer in Uniform vorstellen.

Marius beneidete den Glücklichen, er war überzeugt, daß der Glückliche sich freiwillig an die Front gemeldet hatte, und fing an, ihn zu bewundern. Er bestand darauf, daß ich ihm alles berichtete, was ich von der Heldenlaufbahn des Glücklichen erfahren würde, der mit den Homerischen Hymnen und einem Regenschirm im Marschgepäck in seinen Krieg zog.

»Kommen Sie bald wieder!« hatte ihm Julia am letzten Abend zugerufen, als sie sich an der Gartentür noch einmal nach ihm umdrehte, und er, der Berufene, stand oben auf der Terrasse, winkte ihr nach. Vielleicht hatte sich Cäsar so von seinen Getreuen verabschiedet, bevor er in die siegreiche Schlacht zog.

Kommen Sie bald wieder! Es war keine Floskel. Julia meinte, was sie sagte.

Der Abend, so unwirklich, so traumhaft und verschwommen mit all diesen sinnlosen vorletzten Phrasen, diesen unsicheren Blicken, die heimlich noch einmal den andern suchen. Sie waren die ganze Nacht auf, und noch auf dem Kiesweg hörte ich ihr Geflüster, hörte die Gartentür auf- und zugehen, hörte die sich entfernenden Schritte, da war es schon Morgen, und ich schlief ein, und wie ich wieder aufwachte, hörte ich Julia in der Küche unten das Frühstück machen.

Ich stelle mir vor, wie sie zusammen den Weg zum Dorf hinaufgehen an jenem kühlen Septembermorgen, er, den Arm um sie gelegt, scheinbar unbekümmert, scherzend, und sie, nachdem der erste Aufruhr sich gelegt hat: gefaßt und ratlos.

Erst am späten Abend kehrte sie zurück. Allein.

20

Die Bücher im Lesezimmer.

Die Ungarische Rhapsodie. Der Peloponnesische Krieg. Die Geschichte von Ulenspiegel und Lamme Goedzak und ihren heldenmäßigen, fröhlichen und glorreichen Abenteuern im Lande Flandern und andernorts. Bergson. Anatol France. Ein Reiseführer durch Italien, durch Frankreich.

Das Ardennenbuch.

Ein Buch in hellem Leinen, ohne Jahresangabe, mit wenig Text und vielen Bildern: tief eingeschnittene Täler, Wälder, geduckte Häuser und ein viel zu großer Himmel, Regenwolken, die die Erde berühren.

Ein Buchzeichen: ein Heckendorf hinter einer Brücke.

Seine mit dem Bleistift hingekritzelten Randbemerkungen zu den Bildern, die so wenig mit diesen zu tun haben:

Der Klempner vor dem Haus pfeift einen lustigen Marsch, der Schlager der Saison heißt »J'attendrai«.

Die Menschen sind ohne Arglist und bestehen darauf, einem den rechten Weg zu zeigen.

Der Kaufmann im Ort, der im Krieg nichts anderes als eine unnütze Verschwendung sieht.

Ein Soldat: Warum soll ich schießen? Wenn ich schieße, schießt man zurück:

Man schont sich, man schämt sich, man spricht sich gegenseitig sein Bedauern aus. Kein Zweifel: Dieser Krieg ist ein Anachronismus...

Sein weiches, kaum lesbares Bleistiftgekritzel auf dem breiten Rand.

Seine Schreibweise, als wäre er nicht Soldat einer kriegerischen Macht, sondern Beobachter einer Friedenskommission.

Seine Briefe trafen mit schöner Regelmäßigkeit ein, umschlaglose, zusammengefaltete Feldpostblätter, die voll waren mit allen möglichen Betrachtungen, Entdeckungen und Geschichten.

Es waren kurzweilige Briefe, es waren die Briefe eines Reisenden.

Vom Krieg war nicht die Rede.

Dies konnte Marius nicht verstehen, also erfand ich diese und jene Geschichte, die ich aus Büchern kannte. Dann sah mich Marius nachdenklich an: Er glaubte mir kein Wort. Da ließ ich es sein und behauptete, daß ich die Briefe nicht zu Gesicht bekäme, weil sie Franziska in ihrer Schatulle vergrabe. Aber auch das glaubte er mir nicht, also sprachen wir überhaupt nicht mehr davon. Aber eines Tages brachte er eine Zeitung mit, in der von einer erfolgreichen Abwehr eines Partisanenüberfalls auf ein Ardennendorf die Rede war, vielleicht nahm er an, daß der Glückliche etwas mit dieser Heldengeschichte zu tun hatte. Ich widersprach ihm nicht, vielleicht glaubte ich sie selber.

Der Glückliche!

Ich sehe ihn am Tisch sitzen, die Tischlampe, die ihr Licht auf das Feldpostpaier wirft: er schreibt.

Tagsüber hatte er nichts anderes zu tun, als die Brücke vor dem Dorf zu sichern, die in die große Durchgangsstraße nach Reims einmündete. Er mußte die Zugänge kontrollieren, die Passierscheine überprüfen, mögliche Saboteure in Schach halten und auf die Ardennenhühner aufpassen. Er muß sich schnell mit der Umgebung vertraut gemacht haben, dem Dorf, dem Semoy, seine Briefe, die sich wie Erkundungsberichte lasen.

Jede Woche ein Brief, manchmal zwei. Manchmal kam der Postbote nur wegen dieses einen Briefs ins Tal herab. Dann ging Franziska mit dem Brief ins Schlafzimmer, weil sie allein sein wollte. Später lag der Brief auf dem Büffet in der Kupferschale, und jeder konnte ihn lesen, er enthielt keine Geheimnisse.

Anläßlich einer größeren Erkundungsfahrt schickte er eine Feldpostkarte aus Sorbon, wo er eine alte Kirche besichtigte und auf der er sich befriedigt darüber äußerte, daß er das Haus von Dr. Sorbon entdeckt habe, des ehrwürdigen Gründers der weltberühmten Pariser Hochschule.

Die Karte findet sich am Ende des Buches zwischen Einband und letzter Seite. Sie trägt den Stempel vom 5. Dezember und schließt mit hoffnungsvollen Grüßen.

21

Der Alte und Tante Ottilie trafen wie immer pünktlich am Mittag des Weihnachtstages ein, erkundigten sich nach dem Glücklichen und betrachteten mit prüfenden Augen den geschmückten Weihnachtsbaum. Sie redeten über den großen Einigungskrieg, den Hitler stellvertretend für ganz Europa führte, besprachen die territorialen Ansprüche, die das Reich in der Welt habe, und daß zumindest Deutschsüdwestafrika zurückgegeben werden müsse, vielleicht noch Kamerun, wofür die Engländer ihr Commonwealth und die Russen Est- und Lettland behalten dürften, nur Riga müsse an das Reich zurück, weil es doch immer deutsch gewesen sei so gut wie Altpreußen oder Südtirol, das man widerrechtlich den Italienern überlassen habe, obwohl man wisse, wie die mit völkischen Mehrheiten umgingen, und während die beiden Alten die Welt neu aufteilten, deckte Franziska schweigend den Kaffeetisch, legte Tannenreis auf, zündete die Kerzen an.

Später ging ich mit dem Alten ins Dorf hinauf. Wir kehrten im »Hohen Randen« ein, wo der Alte sich mit dem »Randen«-Wirt über den ausbleibenden Schnee, über vergorenen Most und Max Schmeling unterhielt, der die Tontauben erfunden hat, und als wir wieder zu Hause waren, war schon alles für die Bescherung vorbereitet.

Es war die erste Weihnacht ohne den Glücklichen, und es war gut, daß der Alte und Tante Ottilie da waren. Besonders der Alte mühte sich um Stimmung, erzählte Geschichten aus der Zeit, als er noch mit den Bauern zu tun gehabt hatte, trank auch ausgiebig vom Burgunder, den er mitgebracht hatte, und half mir die Sterne am Winterhimmel suchen, die ich mit Hilfe der Sternkarte, die er mir zu Weihnachten geschenkt hatte, orten wollte.

Einmal unterbrach er sich mitten in der Rede, horchte, sah uns an, wollte wissen, ob wir auch diesen verdammten Summton in der Luft hörten. Aber wir hörten nichts, und der Alte horchte noch eine Weile, schüttelte den Kopf und schwieg für den Rest des Abends.

Jeden Abend wartete ich auf die Wintersterne, die ich bestimmen wollte. Ich wartete vergebens, der Himmel schien sternenlos.

Da wandte ich mich den Büchern zu, die man mir geschenkt hatte, Felix Dahn, »Der Lederstrumpf«, »Der Kampf um Troja«, und nur dieses wirkte länger nach: der Abscheu über die Hinterhältigkeit der edlen Griechen und die Bewunderung für Hektor, den ich mir zum Lieblingshelden erkor.

Noch nie war ich allein im Arbeitszimmer des Glücklichen gewesen, bis zu jenem Tag, als Franziska in der Stadt war und ich mit dem Tag nichts Rechtes anzufangen wußte. Als ich in sein Arbeitszimmer eindrang, kam es mir wie Einbruch vor, dabei waren es nur die Bücher, die mich anlockten. Aber so groß die Neugier war, so groß war die Ernüchterung: nichts als Fachwerke, Fundberichte, Fachzeitschriften, ethnologische und philosophische Werke, mehrbändige Werke von Darwin und Haeckel und Tolstoj, die nach Staub und Zigarren rochen.

Dann wandte ich mich den Wänden zu mit den topographischen Skizzen und der großen Reliefkarte vom Randen, in der rote und blaue Nadeln steckten.

Der Tisch war leer.

Das Zimmer eines Gelehrten: langweilig.

Als ich gehen wollte, entdeckte ich zwischen zwei Bänden dieses vergilbte Foto im Postkartenformat, das ich noch nie gesehen hatte: ein kleiner Junge mit einem viel zu großen Strohhut, auf einem Esel sitzend, daneben ein Mann mit einem gewaltigen Bart, beide erwartungsvoll ins Bild blikkend: der Glückliche und sein Vater. Darunter in steilen Buchstaben der Spruch: »Singe, wenn es glückt, ein bescheiden Lied und rufe: ›Schöner Tag, sei gegrüßt mir.‹«

Als ich das Bild betrachtete, wurde mir bewußt, wie wenig ich über den Glücklichen und seine Herkunft wußte, außer dem, was mir Franziska erzählt hatte: daß sein Vater aus Wien kam und über mehrere Zwischenstationen in der Stadt landete, wo er zunächst im Musikalienhandel tätig war, sich dann selbständig machte, indem er mit Hilfe eines befreundeten Hutmachers einen Hutladen aufmachte, in dem er steife Hüte, Zylinder, Girardihüte und Couleurmützen für die Studenten verkaufte. Dann starb der Hutmacher, und er blieb auf seinen Hüten und Mützen sitzen, weil diese aus der Mode kamen oder weil er sich zu wenig um seinen Laden kümmerte, denn er hatte ein Laster: Er las, las alles, was ihm in die Hände kam, vor allem historische und patriotische Werke, und dies nahm ihn so in Anspruch, daß er manchmal vergaß, seinen Laden zu öffnen, und also blieb er zu Hause und redete sich ein, daß ja doch niemand gekommen wäre.

Aber als er dann jemanden gefunden hatte, der ihm den Laden abkaufte, erfüllte er sich einen Lebenstraum: er gründete eine Vaterländische Buchhandlung, in der die großen Dichter und Denker ihren Platz fanden, und die Geschäfte gingen gut, denn es war die Zeit des nationalgesinnten und gebildeten Bürgertums. Um das Glück voll zu machen, heiratete er noch schnell eine Schauspielerin, die jedoch meinte, nachdem sie ihm einen Sohn, Felix, den Glücklichen, geschenkt hatte, der Liebe Genüge getan zu haben, und nach einer Tournee nicht mehr zu ihm zurückkehrte. Dann kam der Krieg, und die Geschäfte gingen immer noch gut, aber dann war der Krieg zu Ende, und die Leute hatten plötzlich andere Bedürfnisse oder kein Geld, und der Buchhändler wurde seine patriotischen Bücher nicht los. Aber da er meinte, daß dieser Zustand nicht von Dauer sei, daß der Mensch ja ohne Bücher nicht leben könne, nahm er den ersten Kredit auf, um sich über Wasser zu halten. Aber dann gingen die Geschäfte immer noch nicht gut, und er nahm den zweiten Kredit auf, und eines Tages konnte er Kredite und Zinsen nicht mehr bezahlen, und er mußte sein Geschäft verkaufen, und er zog sich aufs Altenteil zurück, wo er seltsamen Gedanken nachhing. Aber dann – die Franzosen marschierten gerade im Ruhrgebiet ein – traf ihn der Schlag, der ihn sprechunfähig machte und später auch bettlägrig, und als er starb, standen die Franzosen immer noch im Ruhrgebiet, und im Reich herrschte das Chaos, und ein noch unbekannter Gefreiter begann in München seine Brandreden gegen die Republik zu halten, und in der Stadt fand die erste große Gartenausstellung statt.

Da war der Glückliche mit seinem Studium gerade zu Ende.

22

Das Ardennenbuch.

Bilder. Randbemerkungen:

Die tägliche Dorfpatrouille.

Ein Gespräch mit dem Lehrer.

Das Echo der Schritte auf dem Straßenpflaster.

Manchmal Sprüche an den Mauern, von Geisterhand geschrieben, rührend in der Hoffnung: Jeanne avec nous.

Ein Bauer von der Orne: Wenn die Deutschen die Güte hätten, nur ein paar Meter zurückzugehen, könnte ich meinen Acker bestellen.

Den Leuten erklären, warum wir hier sind. Aber wer weiß das so genau?

Soldaten, die Träumereien in Schulhefte schreiben und Schüsse in den leeren Himmel abgeben.

Vogelstimmen, denen man nicht immer trauen kann.

Die Brücke, wegen der wir hier sind, war noch nie so sicher, und die Eisenbahngleise, die kurz außer Betrieb waren, sind wieder instand gesetzt.

Die Menschen im Dorf sind freundlich wie eh, und der Befehl aus Berlin, Saboteure niederzumachen, wird kaum befolgt, schließlich will jeder mit sauberen Händen nach Hause kommen . . .

Die Randbemerkungen des Glücklichen.

Ich öffne das Fenster: der ausgeräumte Garten, der Umriß der Kastanie, der tiefblaue Nachthimmel, der Rest von Tageslicht, das nie ganz erlischt.

Ich habe Hunger.

Die Küche: eine Kochnische, Fußboden und Wände gefliest, ein Kühlschrank, eine Kaffeemaschine, auf der Fensterbank ein Efeukranz, das Fernsehprogramm, eine alte Rhäzünserflasche, im Kühlschrank Käse und Bier.

Ich esse und trinke.

Die Geräusche vor dem Fenster, das Licht eines Autoscheinwerfers auf der Kammstraße, die damals ein Fuhrweg war.

Plötzlich bilde ich mir ein, daß die Gartentür aufgeht, daß die Haustür geöffnet wird und jemand die Treppe heraufkommt: der Glückliche.

Mit erhitztem Gesicht und leicht außer Atem steht er unter Tür. Der Glückliche, der vom Krieg heimkehrt, weil der Krieg zu Ende ist.

Der Glückliche sieht mich erstaunt an.

»Was für ein Krieg denn?«

Und nie mehr wird er wieder in einen Krieg ziehen, nie mehr.

»Ach, mein Junge«, murmelt der Glückliche und nimmt ein Bild von dere Wand, »wovon redest du?«

Auf dem Bild sieht man Franziska.

Aber Franziska ist in der Stadt, wie hätte sie es auch wissen sollen? Der Glückliche geht zum Fenster, um das Bild besser sehen zu können.

Mein Gott, was wird sie für Augen machen, wenn sie nach Hause kommt!

Der Glückliche blickt über das Bild hinweg zum Fenster.

»So was Albernes«, sagt der Glückliche traurig, und seine Augen, sein Gesicht, seine Gestalt beginnen sich langsam ins Nichts aufzulösen.

Seine Randbemerkungen:

Der Hauptmann ist ein entschlossener Mann, der schon vierzehn dabei war; seine Ansichten über den Krieg im allgemeinen und die Kriegführung im besonderen sind mitunter recht eigenwillig und vielleicht nicht immer durchdacht, aber sie beleben das Gespräch.

Der Hauptmann spricht vom Krieg wie von Gottes Fügung (eine merkwürdige Gottesvorstellung fürwahr!), aber ich habe ihn noch nichts Unrechtes tun sehen, und wenn er von seinen Kindern erzählt, bricht das Eis.

Ein Gespräch mit dem Lehrer über den Tod Bergsons, die regionale Strohflechterei und die Tropfsteinhöhle von Rochefort, die ich mir demnächst ansehen will.

Der Lehrer: Nach dem Krieg wird Europa die Neue Welt sein.

Der sonntägliche Schall der Glocken wie der Schall von Friedensglocken. Der Ärger über die beschlagnahmten Pferde ist größer als über den Krieg selbst, den noch keiner begreifen will.

Ein Kanoniker aus Arras soll erklärt haben, er werde noch Worte in den Mund nehmen, die vielleicht nur Gott zustünden. Bis er von seinem Wärter an die Hand genommen wird.

Der neueste Befehl aus Brüssel bestätigt, daß die Brücke unbedingt gehalten werden muß.

Der Hauptmann hat zum zweiten Mal die Bewachung verstärken lassen.

Der Bürgermeister will wissen, was wir eigentlich an dieser Brücke finden.

Die ersten Frühlingsdüfte wecken unbestimmte Träume, die die Wirklichkeit in einem seltsamen Licht erscheinen lassen...

23

Am ersten warmen Frühlingstag traf der Alte ein. Er kam allein und brachte Geschenke und schlechte Laune mit. Da er gerade eine zahnärztliche Behandlung hinter sich hatte, schimpfte er auf die Zahnärzte und ihre sadistischen Neigungen und erklärte, daß er mit keinem Zahnarzt je wieder etwas zu tun haben wolle.

Gegen Mittag hatte er sich wieder etwas beruhigt, als er sich mit dem Bury, der sich um die Bäume im Garten kümmerte, über den Baumschnitt, die Stippe und andere Apfelkrankheiten unterhielt, bis sie dann irgendwann bei den Pferden landeten, denn darauf lief es meistens hinaus. Der Bury hatte sein Pferd, eine helle Stute, UK stellen lassen, das heißt, er hatte sie einfach nicht gemeldet, aber jeder im Dorf wußte, daß er ein Pferd besaß, das hätte eingezogen werden müssen, selbst der Ortsgruppenleiter wußte es.

Sie hat den ersten vaterländischen Krieg mitgemacht, pflegte der Bury zu sagen, und der ist ihr schon schlecht bekommen, also darf man ihr nicht noch einen zweiten Krieg zumuten, außerdem ist sie viel zu alt, und lahmen tut sie auch.

So und ähnlich redete er sich hinaus, aber jeder, der Augen im Kopf hatte, konnte sehen, daß die Stute weder lahmte noch im Greisenalter war und also den ersten Krieg hatte gar nicht mitmachen können, aber jeder wußte auch, wie sehr der Bury an seinem Pferd hing, und daß er es brauchte.

Später lief der Alte, wie üblich, durchs Haus, um, wie er es nannte, nach dem Rechten zu sehen, sah nach dem Dach, das meistens undicht war, ließ ein Gitter über dem Kellerfenster anbringen oder hängte die vom Frühlingssturm heruntergerissenen Fensterläden ein.

Spätestens beim Nachmittagskaffee hatte er die Zahnärzte vergessen. Dann zog er an seiner Zigarre, erzählte von den Schlichen der Bauern, die uns zum Lachen brachten, und dem alten Kaiser, der zweistimmig habe pfeifen können, und schien zufriedener Dinge zu sein. Er genoß es, bei seiner Tochter zu sitzen, ihr beim Nähen zuzuschauen, sie vom letzten Film, den sie gesehen hatte, erzählen zu hören.

Es war ihre Nähe, die ihn beruhigte.

Einmal am Mittag stand er vor der Schule, um mich abzuholen. Er war mit dem Postbus bis ins Nachbardorf gefahren, war dort ausgestiegen, um den Rest des Weges zu Fuß zurückzulegen. Als er an der Schule ankam, ging er erst einmal mit prüfendem Blick ums Schulhaus herum, dann wollte er wissen, was wir im Unterricht gemacht hatten, hörte sich alles aufmerksam und schweigend an. Es war offenkundig, daß er alle beneidete, die, wie er es nannte, eine ordentliche Schulbildung hatten. Er selbst hatte nicht einmal die Volksschule abgeschlossen, und das verzieh er sich nie.

Es war ein heißer, wolkenloser Tag, und der Alte hielt immer wieder an, um sich den Schweiß von der Stirn zu wischen oder um irgendeinem Pferdegespann nachzuschauen.

Später sahen wir einen Mann mit einer Baskenmütze im Feld stehen, und wie wir näherkamen, war es der Zeichenlehrer, den sie den Wolkenmaler nannten, weil er angeblich nur Wolken malte, was aber nicht stimmte. Er war ein großer, schwerhöriger Mann mit wäßrigen Augen und fahrigen Bewegungen. Es hieß, er stamme aus dem Kanton Schaffhausen und wohne drüben auf der Hohen Reute.

Der Alte blieb stehen, ging auch ein paar Schritte ins Feld hinein. Aber als er ein paar Worte mit dem Maler wechseln wollte, merkte er, daß dieser kein Wort verstand, weil er ja schwerhörig war, und wir starrten auf die Staffelei, auf das Blatt, das auf die Staffelei gespannt war: es war leer, so leer wie der Himmel. Und also standen wir vor dem leeren Blatt, sahen zu dritt zum Himmel hoch und warteten auf die Wolken, die nicht kommen wollten, und später, als wir durchs Dorf kamen, wunderte sich der Alte immer noch, daß es Menschen gab, die auf nichts anderes zu warten schienen als auf Wolken, die nicht kamen.

Einmal ging der Alte mit uns in den Film »Deutschland in Afrika«. Eine Stunde lang wurden uns endlose Steppen und Plantagen und Rinderfarmen und Stammeshäuptlinge vorgeführt, die unentwegt beteuerten, wie traurig sie seien, daß sie keine deutschen Herren mehr über sich hatten. Später, als wir im »Hohen Randen« saßen, erzählte der Alte von den

Sambesifällen und Diamantminen, als sei er leibhaftig dort gewesen, erzählte von Lüderitz und Peters und anderen Kolonisten, kam plötzlich auf die Tiroler Kaiserjäger zu sprechen und landete schließlich bei Hermann von Salza, dem Hochmeister, der vor genau siebenhundert Jahren den Deutschen Ritterorden gegründet hatte, um auch den Osten an der deutschen Kultur teilnehmen zu lassen.

Die geschichtlichen Kenntnisse des Alten waren beachtlich, aber es war eigentlich nur die deutsche Geschichte, die ihn interessierte, und er sprach auch nur darüber, wenn sich gerade ein Anlaß bot wie dieser Film oder die Aufstellung des Afrikakorps, worüber auch bei uns an der Schule geredet wurde.

Weil Franziska die Blumenausstellung im Fürstenbergischen Schloßpark sehen wollte, fuhren wir mit dem Postbus zur Baar hinunter nach Eschingen, und überall Menschen, und aus dem Schloß hing die Fahne als Zeichen, daß der Fürst zu Hause war. Wir gingen durch die Blumenanlagen, aßen Kuchen im Parkcafé, und eine Kapelle spielte, und der Alte fragte Franziska, ob er sie zu einem Tänzchen bitten dürfe, und Franziska lachte nur, und dann tanzten sie, und auch andere Leute tanzten.

Auf einmal, der Alte hatte schon gezahlt, stand da dieser Mann in Uniform unter der Tür. Wegen des Tabakrauchs und der Leute, die herumstanden, konnte man ihn nicht genau erkennen. Aber Franziska, die mit dem Gesicht zur Tür saß, wandte ihre Augen nicht von ihm, der langsam durchs Café ging, als suche er jemanden: Es war der Glückliche, aber wie er sich unserem Tisch näherte und Franziska dabei war aufzuspringen, war es das Gesicht eines andern, und Franziska starrte auf das fremde Gesicht, und da merkte ich, wie sehr sie den Glücklichen vermißte.

24

Seine Briefe an Franziska, wie ich sie in Erinnerung habe:

›Der Lehrer, denk Dir, nimmt sich die Zeit und fährt mit mir nach Rethel, um mir die Stadt zu zeigen, die Kirche, das Beinhaus, die Kriegsgräber am Rand der Stadt, auf denen Geranien und Begonien blühen. Dies war der letzte Krieg, meint der Lehrer, denn es werde eng für die Toten. In einem kleinen Bistro an der Promenade unterhalten wir uns über die Rose von Laon, während uns die Kellnerin, ein rotbäckiges, freundliches Wesen, den Anislikör serviert. Der Lehrer gibt sich als Syndikalist zu erkennen, der zuerst geglaubt habe, Hitler wolle die Revolution. Er rät mir, die Eremitage von Epernay, wo Saint Simon seine Schrift ›Ist Diebstahl revolutionär?‹ verfaßt habe, aufzusuchen. In Epernay gebe es auch ein archäologisches Museum. (Was ich mit besonderem Interesse zur Kenntnis nehme, wie Du Dir denken kannst.) Auch legt er mir die Salle du Dome ans Herz, eine der größten Kalksteinhöhlen der Niederardennen, wo man mit dem Kahn ins Innere fährt und sich nicht sicher ist, wo man wieder herauskommt. (Nun stell Dir vor: wir *beide* im Kahn, wäre es da nicht einerlei, wo wir wieder herauskämen?)‹

Dazwischen Beschreibungen vom Tagesablauf, den Patrouillengängen, den Kameraden. Dem Hauptmann.

›Der Hauptmann ordnet an, daß die Patrouillengänge nicht mehr allein unternommen werden. Er traut den Leuten nicht, auch nicht denen im Dorf. Er hat einen Hinweis bekommen, daß ein Sabotagetrupp unterwegs sei. Aber im Augenblick ist es überall ruhig. Man hört die Posten gehen und zurückkehren. Gestern war ich an der Reihe. Zu viert kontrollierten wir die Fahrzeuge, darunter eines, das direkt nach Reims fuhr.

Le Sourire de Reims!

Ich hätte mitfahren können!

Der Fahrer bot uns Zigaretten an. Er nahm diesen Brief mit, der Dich doch nur daran erinnern soll, daß ich immerzu an Dich denke!‹

Die Briefe des Glücklichen an Franziska, wie ich sie in Erinnerung habe. Vielleicht lauteten sie auch anders, aber eines weiß ich: Vom Krieg war immer noch nicht die Rede.

25

Während die Deutschen in Rußland einfielen, fielen die Zigeuner in den Randen ein.

Eines frühen Morgens stand der Feldgendarm, ein einarmiger, verbitterter, wichtigtuerischer Mann mit dem Bury vor dem Haus, sah abwechselnd auf die Erde, dann zum Wald hoch, stieg ein Stück den Hang hinauf, um stehen zu bleiben und auf dem Boden herumzuschnüffeln. Das wiederholte sich einige Male, während der Bury an der Kastanie lehnte.

Später erfuhren wir von Bury den Grund des frühmorgendlichen Treibens: die Zigeuner. Es war nicht das erste Mal, daß sie in der Gegend aufkreuzten. Aber diesmal hatten sie, so schien es, ihre Spur deutlicher hinterlassen als sonst: nicht nur, daß sie in der Nacht die Kühe auf der Koppel gemolken hatten, auch über den Entenweiher waren sie hergefallen mit dem Ergebnis, daß keine einzige Ente mehr zu sehen war. Möglich, daß noch Schlimmeres bevorstand.

Die Spur, die der Feldgendarm verfolgte, führte direkt an unserem Haus vorbei.

Der Bury erklärte, wir hätten Schwein gehabt, daß die Zigeuner nicht auch bei uns hereingeschaut hätten, aber Franziska erwiderte, daß bei uns weder Kühe noch Enten zu holen seien, und woher er wisse, daß es die Zigeuner gewesen seien. Und der Bury sagte, daß eigentlich nur Zigeuner auf die Idee kämen, einen Entenweiher auszuheben, von den Kühen ganz zu schweigen.

Der Feldhüter machte kurz vor dem Wald kehrt.

»Nichts«, brummte er enttäuscht und zog die Luft ein.

»Vielleicht sitzen sie gerade beim Frühstück«, sagte der Bury, »Entenbraten und frische Kuhmilch.«

Der Feldgendarm brummte etwas vor sich hin, das sich wie ein Fluch anhörte.

»Mich wundert, daß sie die Pferde in Ruhe gelassen haben«, sagte der Bury, »ich an ihrer Stelle hätte die Pferde statt der Enten mitgenommen.«

Hinterm Kamm läuteten die Frühglocken.

»Denen in Hallau«, wußte der Gendarm, »haben sie einmal beide Glocken abgehängt. Auf Glocken haben sie es noch mehr abgesehen als auf Enten und Pferde. Am meisten scharf aber sind sie auf getaufte Christenkinder.«

Der Bury lachte.

»Getaufte Christenkinder?«

Der Feldhüter nickte.

Der Bury schüttelte traurig den Kopf.

»Wer hat dir nur diesen Unsinn erzählt?«

Er sah hinauf zur Koppel, zum Dorf.

»Und wenn es gar nicht die Zigeuner waren, sondern die Dorfdeppen, die Saufbolde, die Galgenstricke vom Oberdorf?«

Aber der Feldgendarm ließ sich nicht von seiner Meinung abbringen.

»Man hat sie doch von der Baar heraufziehen sehen, auch in Blumegg hat man sie gesehen.«

»In Blumegg? Da wären sie ja in eine ganz andere Richtung gezogen.«

Der Gendarm schüttelt verärgert den Kopf.

»Es ist, wie ich sage, und die Spur führt hier vorbei.«

Seine Augen wanderten wieder über unser Haus, den Garten, den Kiesweg, als liege dort die Antwort.

»Aber wie kann die Spur hierherführen, wenn sie in Blumegg waren? Dann wären sie ja im Kreis gefahren.«

»Und wenn«, schrie der Gendarm, »warum sollten sie nicht im Kreis gefahren sein, wenn's ihnen Spaß macht?«

»Aber warum sollte es ihnen Spaß machen?«

Der Gendarm holte tief Luft.

»Zigeuner sind eben Zigeuner, wer kennt sich da schon aus! Zigeuner sind anders als wir.«

»Natürlich sind sie anders«, sagte der Bury ruhig, »aber ich verstehe immer noch nicht, was sie in Blumegg suchen, wenn sie hierher wollen.«

Aber da hatte der Feldhüter schon wieder angefangen, an der Erde herumzuschnüffeln.

26

Der Bury erinnert sich an Galizien, an einen leuchtenden Maientag und an das Treffen von Tarnopol vor über 25 Jahren, das nur verlorenging, weil der Feldmarschall von Mackensen gerade nach seinen Zigarren suchte, als die Russen auftauchten, und er hatte sie immer noch nicht gefunden, als die Russen angriffen. Aber da diese dachten, es sei alles nur eine Falle, weil sich kein Widerstand regte, unterbrachen sie ihren Angriff. Inzwischen aber hatte der Feldmarschall seine Zigarren gefunden und gab den Befehl zum Gegenangriff, und die Russen waren froh, daß es keine Falle war und nahmen ihren Angriff wieder auf, und am Ende zog sich der Feldmarschall aus dem Scharmützel ganz zurück, weil der Gegenangriff zu spät erfolgte oder weil ihm die Zigarrenbestände vielleicht wichtiger waren als die Stadt.

Der Bury zeichnet die Frontlinien in den Sand.

Da saß man in den Gräben und wartete auf einen Feind, der nie zu kommen schien, denn meistens herrschte Waffenruhe, weil gerade des Kaisers oder Zaren Geburtstag gefeiert werden mußte oder der Tag von Sedan oder Weihnachten oder irgendein Sieg auf einem andern Kriegsschauplatz. Es gab ja immer was zu feiern, man nahm Rücksicht auf nationale Eitelkeiten, beglückwünschte sich zu diesem oder jenem Jubiläum über die Gräben hinweg, entschuldigte sich für nicht vorgesehene Zwischenfälle, man ging höflicher miteinander um als im Frieden. Und als dann der Krieg im Osten nach knapp drei Jahren zu Ende war, erklärte sich jeder zum Sieger und kehrte schnell nach Hause zurück, um den Sieg gebührend zu feiern, aber zu Hause gab es nichts zu feiern, weil der Krieg immer noch andauerte und die Zukunft noch ungewisser schien als je zuvor.

Der Bury dachte nicht ungern an den Krieg zurück, an seinen Krieg, der eigentlich gar kein rechter Krieg gewesen war im Vergleich zu dem, was man jetzt unter Krieg verstand, wo man für nichts mehr Zeit hatte, nicht mal für einen richtigen Krieg, man raste am Feind vorbei, man begnügte sich ja auch nicht mehr mit Geländegewinnen, man wollte gleich das ganze Land, man wollte auch nicht den Sieg, man wollte den Blitzsieg.

Auch der Geschichtslehrer erklärte, daß man noch nie schnellere Siege errungen habe, und ließ uns die Siege ins Tagebuch eintragen: Brest-Litowsk, Wilna, Dünaburg, Minsk.

Julia fand, daß es teure Siege seien und war sich nicht sicher, ob der ganze Aufwand lohne, noch dazu in einem Land, das außer Kartoffelschnaps und Sonnenblumenkernen nichts Nennenswertes aufzuweisen habe. Der Doktor von Salis vom Schweizer Radio fragte, ob die Deutschen nicht zu weit gegangen seien, aber im »Tagblatt« hieß es, daß des Führers Vertrauen immer wieder tief enttäuscht werde, daß es nicht zu beschreiben sei, und daß man sich auch nicht zu wundern brauche, wenn er niemandem mehr traue, nicht den Bolschewisten, nicht den Juden, nicht dem schwedischen König, nicht Mr. Churchill und schon gar nicht Herrn Stalin, dem am allerwenigsten. Aber jetzt seien die Schwindler durchschaut, das Lügennetz zerrissen, die Teufelsfratze entlarvt, worüber jeder froh sein dürfe.

Das »Tagblatt«, zwischen einem Stapel abgegriffener Zeitschriften liegend, zwölf Seiten, Schlagzeilen, Bilder aus dem Krieg. Ein Schützenpanzerduell auf fünfzig Meter Distanz. Der Deutsche greift an (weil ein Deutscher immer angreift, falls er auch wirklich ein Deutscher ist). Er schießt von vorn, von der Seite, von hinten, aus allen Lagen, erschießt sechs Panzer, und der Geschützführer ist ein Studienreferendar für Musik und Sport aus Heidelberg. Das Foto: das Milchgesicht eines Kindes: weich, bartlos, strahlend, aber dann ist es auch das Gesicht eines Helden. Und das bewirkt der Krieg!

Der Krieg!

Damals entdeckte ich dieses Buch im Lesezimmer, wo es immer noch steht.

»Der Dent du Midi, die Aiguille Verte und der Montblanc blicken auf die blutleeren Gesichter, die in der Liegehalle des Sanatoriums aus den Decken hervorschauen. Diese Galerie im ersten Stock des Luxussanatoriums mit dem geschnitzten hölzernen Balkon und der Glaswand, die sie vor den Winden schützt, schwebt gleichsam im leeren Raum und ragt über die Welt . . . «

Barbusse, Das Feuer.

Ich las es vom Abend- bis zum Morgengrauen, in einem Zug und mit dem wohligen Schaudern derer, die sich sicher fühlen dürfen.

Einmal nahm ich das Buch in die Schule mit, dort mußte es der Geschichtslehrer auf meinem Tisch gesehen haben. Der

Professor, ein grauer, vorsichtiger Mann, von dem es hieß, daß sein Vater, ein bekannter Sozialdemokrat, 1918 bei den Unruhen im Unterland eine gewisse Rolle gespielt habe, nahm das Buch in die Hand, blätterte eine Weile darin und befahl mir, nach der Stunde noch ein paar Minuten hier zu bleiben. Dann kehrte er zu seinem Katheder zurück, mein Buch in der Hand.

Nach der Stunde ließ er mich nach vorne kommen, fing wieder zu blättern an, schaute nachdenklich, als müsse er ein Urteil fällen, das er schon längst gefällt hatte. Dann klappte er das Buch zu, strich sich den grauen Bart, seufzte und sagte:

»Ich habe zwei Brüder im ersten Krieg verloren, und ich selber kann von Glück reden, daß ich davongekommen bin.«

Er lächelte müde, überlegte und fuhr fort:

»Damals hieß es, das Opfer sei umsonst gewesen, aber wie kann man so etwas sagen, wo doch alles aus dem einen Geist kommt, aus dem Geist des Idealismus.«

Er schwieg, strich sich unentwegt den welken Bart.

Dann sah er auf das Buch.

»Hast du gewußt«, fragte er, »daß der Autor ein Kommunist war, noch schlimmer: ein Anarchist?«

Er beobachtete mich. Wahrscheinlich wartete er auf eine Reaktion von mir. Als keine kam, reichte er mir das Buch.

»Wir leben in einer tragischen Zeit«, flüsterte er und sah zur Tür. »Wir wissen nicht, wie wir mit all den Irrtümern fertig werden, wir haben es unendlich schwer.«

Dann ging er zur Tür, und ich war allein mit meinem Buch. Nie mehr nahm ich den Barbusse in die Schule mit, ich nahm ihn auch nicht mehr in die Hand. Jetzt las ich die Supf-Fliegerbücher oder Ettighofer oder Freytag-Loringhoven, die mir Marius brachte und bei denen mehr vom Siegen als vom Verlieren die Rede war und in denen die toten Helden noch prächtiger aussahen als die lebenden.

27

Als der Mais stand, kamen die ersten Zwangsarbeiter in die umliegenden Dörfer. Seltsamerweise kam keiner in unser Dorf, aber niemand schien darüber traurig zu sein, denn man traute den Fremden nicht. Man traute ja nicht mal seinesgleichen, und der Glückliche nannte in seiner Hauschronik den Grund dafür: die besondere Lage. Nie war der jahrhundertelange Zug der Flüchtigen, Verfolgten, Gejagten, Gesuchten, Gesetzlosen, Ruhelosen, Gezeichneten und Desertierten auf dem schmalen Weg zwischen Angst und Hoffnung zum Stillstand gekommen. Und die, die schon hier waren, standen auf den Hügeln, um dem Zug der Schwärmer, Gottesfreunde, Bauernkrieger, Salpeterer, Märzrebellen nachzublicken. Sie hielten den Zug nicht auf, sie warteten nur, bis der Zug vorüber war, um sich dann wieder ihrer Arbeit zuzuwenden. Scherte aber einer der Davonziehenden aus, um hierzubleiben, war ihm das Mißtrauen der Ansässigen sicher. Nie wäre es diesen eingefallen, sich den Davoneilenden anzuschließen, weil es nichts gab, wovor sie hätten davoneilen müssen. Sie lebten am Rande, am Rande von Beachtung und Bevormundung, lebten in der scheinbar sicheren Distanz zu allem, was die Welt in Atem hält, zu Gewalt und laufenden Steuererhebungen. Und wurde es einmal ernst, fanden sich genug Schlupfwinkel – der ganze Randen ist ein einziges Schlupfloch –, und also überstand man einigermaßen ungerupft die Zeiten. Glaubte man. Man ist ja heute noch des Glaubens, daß man selbst das Weltende, das ein Schwarzwälder Prediger aus dem oberen Bregtal für das Ende des Jahrtausends vorausgesagt hat, ebenso unbeschadet überstehen wird. Die auserwählte Gemeinde auf dem Berge Ararat: nichts anderes ist der Randen.

Marius bekam den Auftrag, sich um die Zwangsarbeiter in den umliegenden Dörfern zu kümmern, das heißt, er mußte dafür sorgen, daß diese ihren Herren nicht davonliefen, nicht mal versuchsweise. Auch war er zuständig für alle Streitfälle, die sich aus den neuen Verhältnissen ergaben. Also lernte Marius ein paar Brocken Polnisch, zog über die Dörfer und ballerte in den Wäldern herum.

Damals fiel die Schule oft aus, weil nach dem Franzosen- und Russenkrieg nun der Kartoffelkäfer-Krieg vom Führer ausgerufen worden war und die Schulklassen mit ihren Lehrern an der Spitze gegen den neuen Volksfeind ins Feld zogen.

Einmal, als zum Abgangsappell gerufen wurde, fehlte einer aus unserer Klasse, er fehlte auch beim zweiten Appell, und wir durchsuchten noch einmal das Feld, diesmal nicht nach Kartoffelkäfern, sondern nach dem Jungen, der, weil er so ängstlich war und nie den Mund aufmachte, die stille Marie gerufen wurde. Wir fanden ihn nicht, auch nicht zu Hause, und jedem von uns war klar, daß etwas passiert sein mußte und daß vielleicht die Lagerinsassen etwas mit der Sache zu tun hatten, weil der Vater Lageraufseher war: Sie hatten den Sohn entführt, um sich freizupressen. Vielleicht hatten sie ihn auch schon umgebracht aus Rache oder aus reiner Mordlust, wie man das von Fremden ja gewohnt war.

Es wurde viel darüber spekuliert, es war von Untersuchungen die Rede, von Verhören, sogar von Erschießungen im Lager, und Marius, der Bescheid wußte, schüttelte nur den Kopf.

Es war noch keine Woche um, da tauchte die stille Marie wieder auf: Ein Wiechser Bauer hatte ihn in einer Baumkrone entdeckt, wo er sich wohnlich eingerichtet hatte. Als man ihn herunterholte, rauchte er gerade Pfeife und las in einem Räuberbuch.

Er wehrte sich nicht, als man ihn abführte.

Später, hieß es, habe man ihn vernommen wegen Geheimbündelei, Landstreicherei, Aufruhrs, groben Unfugs, unerlaubten Entfernens und anderer Delikte. Aber dann hieß es, man habe ihn nur vernommen wegen des Verdachts auf Feindbegünstigung, weil die stille Marie nachts mit Hilfe einer Taschenlampe aus der Baumkrone Signale abgeschickt habe, und dieser Verdacht wog vielleicht am schwersten. Aber da er noch so jung war und die Lehrer nichts Schlechtes über ihn zu sagen wußten und der Vater ein geachteter Mann war und Parteigenosse, sah man am Ende von einer Anklage ab.

Statt dessen verfolgte man die Spur der Hintermänner, denn es war klar, daß Hintermänner im Spiel waren. Dabei fiel der Name des Zeichenlehrers, des Wolkenmalers, und dies, weil der Räuberroman dem Zeichenlehrer gehörte, den er der stillen Marie ausgeliehen hatte. Vielleicht auch, weil der Zeichenlehrer ohnehin schon verdächtig war, weil er in den Feldern herumstrich und weil er sich angeblich einmal über den Kartoffelkäferkrieg lustig gemacht und damit den allgemeinen Wehrwillen zersetzt hatte. Er wurde vernommen und verschwand über Nacht, und der Zeichenunterricht fiel aus, und die stille Marie kehrte in die Schule zurück, als sei nichts gewesen.

28

An einem Sonntagmorgen stieg ein Mann ins Tal herab, der ging schnell und mit weitausholenden Schritten, er ging wie der Glückliche, und dann war es der Vetter, der Schauspieler.

Er blieb bis zum Mittag.

Er betrachtete die Bilder an den Wänden, erkundigte sich nach dem Glücklichen, fragte, ob er etwas tun könne. Dann stand er auf und sagte:

»Es war nur, daß ich noch einmal alles sehen wollte.«

Wir fuhren mit ihm bis zur Grenze.

Später saßen wir im Biergarten hinter der Station und tranken Apfelschorle, und während der Schauspieler vom September schwärmte, weil man da alles doppelt klar sehe, beobachteten wir die uniformierten Beamten, die bis auf die Zähne bewaffneten Grenzpolizisten, die scharfgemachten Hunde auf beiden Seiten der Grenze.

Franziska schüttelt den Kopf.

»Gibt es etwas Traurigeres als Grenzen?«

»Eines Tages«, weiß der Schauspieler, »wird es keine Grenzen mehr geben, weder hier noch anderswo.«

Franziska will wissen, wie er es schafft, immer noch über die Grenze zu kommen, und der Schauspieler wirft seinen Paß auf den Tisch, seinen deutschen Sonderpaß, den sonst nur ausländische Parteigenossen oder Kollaborateure bei sich tragen.

»Ein Freundschaftsdienst von einem Kameraden aus alten Zeiten«, erklärt er mit halblauter Stimme, »aber jetzt haben sie ihn an die Front geschickt, und der ganze Schwindel kommt heraus.«

Er grinst und steckt den Paß wieder ein. Dann nimmt er Franziskas Hand und hält sie, bis der Pfiff hinterm Wald zu hören ist, und es ist klar, daß er auf keiner Durchreise ist, damals nicht und heute nicht, und daß er immer nur dieser Hand wegen gekommen war.

Der Zug fährt ein, und wir begleiten den Schauspieler bis zur Wagentür.

»Nicht daß ich an das Glück glaube«, sagt der Schauspieler und dreht sich noch einmal um, »es ist schon viel, wenn man seine Nähe spürt.«

Es klang nach langem Abschied.

Er stand am Fenster und winkte, bis der Zug hinter der Böschung verschwand.

Ein paar Monate später kam jener Brief aus Buenos Aires, in dem er schrieb, daß er auf Südamerika-Tournee sei, um den Eingeborenen die deutsche Klassik nahezubringen und daß er einen Narren spiele, einen deutschen Narren, den Faust. Er spiele die Rolle nicht ungern, noch lieber aber bummle er über die prächtige Avenida, erfreue sich am Anblick ungewöhnlicher Frauen und gewaltiger Sonnenuntergänge und sei dabei, manche Last der Alten Welt über Bord zu werfen.

Als ich dem Schauspieler nach dem Krieg in Zürich wieder begegnete, schien er mir um viele Jahre gealtert. Er beschäftigte sich mit chinesischer Philosophie und keltischen Mythen, seinen Beruf übte er nur noch widerwillig aus.

Wir gingen in einem der Altstadtlokale essen. Ich dachte, er würde sich nach Franziska erkundigen, statt dessen erzählte er mir irgendwelche langatmigen Geschichten über König Artus und die Feeninsel Avalun, und während er sprach, tauchte ein anderes vertrautes Gesicht vor mir auf, das seines Vetters, des Glücklichen, an den er mich erinnerte, und, als hätte er meine Gedanken erraten, rief er:

»Vergiß nicht, was allein zählt, ist die Poesie.«

Er war recht seltsam an jenem Abend, und erst beim Abschied erkundigte er sich nach Franziska, aber es schien, als frage er mehr aus Höflichkeit.

29

Seine Briefe an den Schauspieler, die dieser mir später zum Lesen gab, Briefe aus dem Erdloch:

Der Semoy ist in Bewegung, Flugblätter, die zur Jagd aufrufen. Der Lehrer: Je schneller Sie gehen, um so besser für uns alle: ein wirklicher Freund. Wir leben wie die Kaninchen im Bau, so sicher sind wir, sicher ist man nur unter der Erde. Die Brücke: Ihr gilt noch immer unser ganzes Augenmerk; wenn sie weg ist, war alles sinnlos, und wir sitzen in der Falle.

Der Hauptmann behauptet, daß es kein Vergleich mit vierzehn sei, damals sei es um Deutschlands Zukunft gegangen, jetzt gehe es um Europas Zukunft. Er zeigt mir die Fotos seiner drei Söhne, alle Soldaten, der eine in Jugoslawien, der andere in Afrika, der dritte bei den Fliegern, Draufgänger wie ihr Vater. Der Hauptmann kann sich eine Welt ohne Armeen, Fahnen und Kommißstiefel nicht vorstellen, die Geschichte ist eine Geschichte von Kriegen, unterbrochen von kurzen Ruhepausen, die nötig sind, damit der nächste Krieg in Schwung kommt; er ist eben ein richtiger Kommißkopp, nicht unähnlich unseren alten Landsknechtsführern, doch nicht ohne gewinnende Züge. Der Sanitäter meint, daß der Krieg nicht mehr lange mitmache, weil es an allem fehle, vor allem an Öl, und die Sendung aus Brüssel sei auch noch nicht eingetroffen. Auch die andern meinen, daß der Krieg jetzt um die Ölfelder geführt werden müßte, und die lägen im Osten, und also müßte der Krieg im Osten weitergeführt werden und nicht hier, wo nichts zu holen sei. In den letzten Tagen ist es ruhiger geworden; die Franctireurs, die Patrioten, scheinen sich in Luft aufgelöst zu haben, und die Anschläge gehen zurück: ein gefällter Starkstrommast, eine durchschnittene Telefonleitung, ein entführter Versorgungswagen, das ist alles, Menschen kamen nicht zu Schaden. Unheimlich wird es nachts, wenn gigantische Lichtfinger den Himmel absuchen, und die nächtlichen Fallschirmabwürfe hinterlassen zwiespältige Gefühle. Von einem Agenten erfahren wir, daß sich überall Befreiungskomitees bilden, die auf London hören, wo de Gaulle sein Quartier aufgeschlagen hat. In dieser Woche ist einer von der Patrouille in einen Hinterhalt geraten: ein drei Meter tiefes Loch, mit Zweigen getarnt. Gestern ist ein Trupp von Partisanen in deutschen Uniformen im Wald gesichtet worden, keiner weiß, was sie dort wollten. Heute ist der Himmel von seltener Klarheit. Ich schlafe immer noch gut.

Dann kam der Herbst, und seine Briefe wurden spärlicher, kürzer, vielleicht waren es am Ende gar keine richtigen Briefe mehr, nur noch Lebenszeichen aus dem Kaninchenbau:

Es geht uns nicht schlecht, schreibt er Franziska, zu essen haben wir genug, nur die Tabakwaren werden knapp, wir leben zurückgezogen, ohne die Brücke je aus den Augen zu verlieren, über die wir einmal heimkehren werden. Und an den Schauspieler schreibt er: Wir kommen kaum noch aus dem Loch, noch nie war ich der Erde so nahe, ihrem Geruch, ihrer Wärme. Immer enger wird der Ring und immer dünner die Luft. Vor Tagen hörte ich einen Mann neben mir schreien: Ich bin tot, da war er schon tot, die Halsschlagader getroffen. Und an Franziska schreibt er: Verstärkung aus Brüssel ist im Anmarsch, morgen kann sie schon hier sein, die Zuversicht des Hauptmanns überträgt sich auf alle, und also werden wir auch mit dieser (zugegebenermaßen nicht ganz leichten) Situation fertig werden. Und an den Schauspieler: Der Sanitäter ist von seiner Ausfahrt nicht zurückgekehrt, was für uns alle ein Schock ist, denn er war ein liebenswerter Mensch. (Doch hege ich die stille Hoffnung, daß er in Gefangenschaft geraten ist.) Der Hauptmann hat mich zum Nachfolger des Sanitäters bestimmt, weil er meint, daß einer, der mit vorzeitlichen Skeletten umgehen kann, auch von lebenden Skeletten etwas versteht. Und an Franziska: Bald ist es soweit, und wir werden den Bunker verlassen. Gewiß haben wir das Schlimmste hinter uns. Und an den Schauspieler: Heute nacht haben sie die Brücke in die Luft gejagt, und also gilt unser Blick nur noch den Wäldern, durch die wir hindurch müssen, wenn wir am Ende nicht selbst zu Erde werden wollen. Nachts fällt manchmal Licht in unseren Bunker, so nahe sind sie, aber vielleicht scheint es auch nur so. Unsere Reserven reichen nur noch für wenige Tage, und die Unsicherheit wächst. Wer sich jetzt an keine Reichtümer erinnert, ist ein armer Hund. Und später: An eine Funkverbin-

dung ist nicht mehr zu denken, wir sind jetzt völlig von der Außenwelt abgeschnitten, es wird Zeit, daß wir die Falle verlassen. Was ich brauche, ist Luft, viel Luft, die Brust ist wie zugeschnürt, Schmerzen die ganze Nacht, besser draußen zu fallen, als hier unten zu ersticken. Und an Franziska: Wie du siehst, lebe ich noch immer und den Umständen entsprechend nicht einmal schlecht dank der Gewißheit, daß wir uns wiedersehen. Und an den Schauspieler: In aller Frühe soll es losgehen, die Leute sind zu allem entschlossen, sie wollen durch und wehe, wenn sie einer daran hindert. Dies ist mein vorläufig letzter Brief an dich.
Es *war* sein letzter.

30

Einmal hoben die Leute ihre Köpfe zum Himmel, der immer dunkler wurde, und die Winde rasten über die Hügel hinweg, und der erste Schnee fiel viel zu früh, und der Bury fuhr das Brennholz aus dem Wald, und Franziska erkundigte sich beim Schulleiter nach dem Verbleib des Zeichenlehrers, und in einer Kundgebung im »Hohen Randen« erklärte der Randenhof-Wirt, der zum Ortsbauernführer aufgestiegen war, den Bauern, daß der Krieg durch die Ernteschlacht entschieden werde, und in Achdorf in der Schlucht führte man den ersten Toten aus dem Feld der Ehre heim.

Das ganze Dorf war auf den Beinen. Es waren auch Leute aus den Nachbardörfern gekommen. Die Zeitung berichtete ausführlich darüber, über den mit Flagge, Mütze und Dolch bedeckten Sarg, über den Spielmannszug, der dem Sarg vorausging, über die aufmarschierte Ehrenkompanie der Wehrmacht, die dem Sarg folgte, und über den Leichenschmaus in der »Scheffellinde«, zu dem der Kreisleiter erschienen war, um eine längere Rede zu halten, in der er erklärte, daß man jetzt erst recht zusammenhalten müsse. Diese Rede wurde, wie die Zeitung berichtete, mit viel Beifall aufgenommen und als »Erstrechtrede« bekannt. Sie wurde nicht nur im »Tagblatt«, sondern auch im »Alemannen« abgedruckt, und Julia zitierte aus ihr noch Jahre später, vielleicht nicht so sehr wegen des Inhalts als wegen der Person des Redners, den sie auf Grund seines guten Aussehens und schneidigen Auftretens ins Herz geschlossen hatte.

Es war um diese Zeit, daß an einem Mittag ein Scherenschleifer mit seinem Schleifrad unter der Tür stand. Er zitterte am ganzen Leib, so fror es ihn, und Franziska machte ihm einen Tee, stellte auch etwas zu essen hin, und der Schleifer aß und trank, dann stand er auf und schliff alles, was nach Stahl und Eisen aussah, drehte unentwegt an seinem Schleifrad, lobte die geschwungenen Messergriffe, wunderte sich über die Stille ums Haus und wollte wissen, wie weit es bis zur Grenze sei. Er war noch jung und von einer ungewöhnlichen Beweglichkeit, und seinen Augen schien nichts zu entgehen. Das Auffälligste an ihm aber waren vielleicht seine Hände, feine, schmale Künstlerhände, wie Franziska später bewundernd feststellte.

In der Schweiz, fing er da plötzlich an, während das Rad schnurrte, gebe es noch immer zu wenig Scherenschleifer, und das, nachdem es auch dort genug zu schleifen gebe, Äxte, Sensen, Schafscheren, Drahtscheren, Käsemesser – die besonders. Aber in der Türkei seien die Aussichten für die Scherenschleifer vielleicht noch besser als in der Schweiz. Aber jetzt sei die Schweiz sein Ziel, und davon werde ihn auch nichts abbringen, er habe auch eine Adresse. Und er zog sein Sacktuch aus der Tasche, in dem ein mehrfach zusammengefalteter Zettel steckte, den hielt er Franziska direkt unter die Nase.

Aber wie er sich das vorstelle, wollte Franziska von ihm wissen, einfach so über die Grenze zu gehen; ob er denn nicht wisse, daß sie bewacht sei und daß man nicht einmal mehr mit einer speziellen Ausreisegenehmigung hinauskomme?

Der Scherenschleifer beobachtete uns über den Zettelrand hinweg, dann steckte er den Zettel ins Sacktuch zurück und das Sacktuch in die Tasche, hing sich das Schleifrad über die Schulter, wandte sich zur Tür.

Er hatte es plötzlich sehr eilig.

Auch sei es bis zur Grenze noch recht weit, warnte ihn Franziska.

Und der Scherenschleifer, unter der Tür stehend, sah uns mit großen Augen an und stieß hervor:

»Nach Jerusalem ist es noch viel weiter.«

Dann verließ er geräuschlos das Haus und verschwand im Dunkel.

In jener Nacht fiel nur wenig Schnee, aber er reichte, um die Schneespur deutlich zu machen, die direkt nach Süden führte.

31

Eine helle, windstille Nacht. Vor dem Fenster segelt ein Mond vorbei. Wer kann, der schläft.

Ich leere das Glas und sehe klarer denn je: Ich sehe den Glücklichen durch den feindlichen Ardennenwald schleichen.

Er ist auf der Flucht.

Nachts marschieren sie, tagsüber verstecken sie sich. Wenn es regnet, wird der Wald zum Morast, und die Flüchtigen lassen tiefe Spuren zurück. Dann verschluckt sie der Nebel, und sie sind eine Weile sicher; wenn sich der Nebel auflöst, stehen sie plötzlich den Partisanen gegenüber.

So oder ähnlich stellte ich mir seine Flucht vor, so stelle ich mir sie heute noch vor: nie hat er davon geredet.

Auf dem Randen erlebte man den Krieg durch Briefe, durch die Zeitung oder das Radio oder die Wochenschau. Oder durch die Fronturlauber, die Heimkehrer.

Den aufregendsten Krieg erlebte man in der Wochenschau, und manche gingen nur der Wochenschau wegen ins Kino. Da jagten deutsche Panzer pausenlos durch die Ebenen, Stukkas stießen Raubvögeln gleich auf ihre Opfer nieder, und singende Landser (sie sangen fast immer) stürmten die feindlichen Stellungen, und auf den Bergspitzen wehte die Hakenkreuzfahne, und wenn die Wochenschau zu Ende war, verharrten die meisten reglos und in ehrfürchtigem Schweigen, während der Filmvorführer die nächste Spule einlegte.

Überall Krieg, nur im eigenen Land nicht. Also redete man ihn herbei, holte ihn sich ins Dorf, weil man doch auch ein bißchen daran teilhaben wollte. Da die feindlichen Flieger immer häufiger über den deutschen Städten auftauchten und dabei vor allem die Bahnhöfe im Visier hatten, wurde der Ruf nach einer Flak, die unseren Bahnhof schützen sollte, immer lauter. Einige im Dorf forderten sogar die Stillegung des Bahnhofs, weil ein Angriff auf den Bahnhof auch die umliegenden Häuser, vielleicht das ganze Dorf gefährden konnte. Es gab eine ganze Weile hitzige Debatten darüber. Aber dann beruhigte man sich auch wieder, und bald sprach keiner mehr davon, von der Bedrohung und von der Verteidigung, auch nicht von der Flak, nach der besonders der Altkriegerverein gerufen hatte.

Einmal schrieb Robert, der ältere Sohn des Bury, der gleich zu Beginn des Rußlandfeldzugs eingezogen worden war, aus Borodino, und der Bury, mit dem Finger über die Landkarte fahrend, fragte sich, ob das nicht ein bißchen weit sei. Er hätte es lieber gehabt, wenn sein Sohn das Reich etwas näher der Heimat hätte verteidigen dürfen. Einmal brachte er ein Bild mit, auf dem war Robert zu sehen Arm in Arm mit einem anderen Soldaten. Sie standen lachend vor einem russischen Wirtshaus, und der Bury meinte, daß das Wirtshaus auch nicht anders aussehe als die Wirtshäuser in Galizien, wo er den ersten Krieg mitgemacht hatte, und es schien, als beruhige ihn das etwas.

Das neue Jahr begann mit Föhn und einer schönen Fernsicht. Bis zu den Churfirsten sah man, und Julia behauptete, sie sehe die Dächer von Appenzell, wo ihre Schwester wohnte, aber das war ein Witz, vielleicht meinte sie die Dächer von Kommingen, das in der gleichen Richtung liegt, nur ein bißchen näher.

Einmal kam der Doktor. Er war in einem Wurzelgeflecht hängengeblieben und hinkte. Er trank zwei, drei Schnäpse und erkundigte sich nach dem Glücklichen. Dann ließ er sich noch einen Schnaps bringen, fluchte auf das Wetter, die Bauern, die seinen Anweisungen nicht folgten, erzählte vom neuen Friedhof im Nachbardorf, der nun zu Ehren komme. Dann erkundigte er sich wieder nach dem Glücklichen, brummte was von Hoffnung, die jedem freistehe, brach mitten im Satz ab, nickte uns zu und ging, wie er gekommen war, hinkend, die schwere, schwarze Tasche in der Hand. Auf der Treppe blieb er noch einmal stehen und sagte, an Franziska gewandt:

»Ich weiß, die Zeiten sind nicht leicht für die Frauen.«

Dann stieg er die Treppe hinab und ging, ohne sich noch einmal umzudrehen.

Franziska fuhr wie immer jede Woche einmal in die Stadt. Dann, wenn sie zurück war, war sie wie immer etwas aufgekratzt, erzählte von der Stadt (sie erzählte immer von der Stadt), von Leuten, die sie getroffen hatte, und ich mußte von der Schule erzählen, obwohl es gar nichts zu erzählen gab, jedenfalls nichts, was der Rede wert gewesen wäre.

Nach dem Abendessen saßen wir meist zusammen, spielten Halma oder hörten Musik, manchmal sprachen wir über Bücher, die wir gerade lasen, und, worüber wir auch sprachen, immer war der Glückliche in unseren Gesprächen anwesend.

Sonntags nach dem Essen stiegen wir manchmal zum Wald hoch, gingen ein Stück den Wald entlang, meist bis zum zweiten Bahndamm.

Einmal waren wir über die Hohe Reute nach Fützen hinabgestiegen. Vor der Kirche stand eine Bank, auf die steuerten wir zu.

Plötzlich blieb Franziska stehen, und wir starrten auf die Bank, auf der ein Mann saß. Er war noch jung und hatte die Feldmütze auf, sah wie einer von den Fronturlaubern aus, einer von den verwundeten Fronturlaubern, den nicht mehr verwendbaren Heldenkrüppeln: wo einmal zwei Beine waren, waren nur noch Stümpfe. An der Bank lehnten zwei Stöcke.

Ich glaube, wir starrten ihn an wie einen bösen Geist, bis sich Franziska abrupt abwandte und wir den Heimweg antraten.

32

An einem eisigen Januartag stiegen Marius und ich in die Schlucht hinab, Marius das Gewehr auf der einen Schulter, den Eispickel auf der anderen. Wir suchten uns einen Platz zwischen den Felsen nahe beim Fluß, schafften den Schnee von der Erde, trugen Holz zusammen, zündeten ein Feuer an. Dann nahm Marius den Eispickel und schlug ein Loch ins Flußeis, zog sich aus, stieg in den Fluß, schwamm unter der Eisdecke auf die andere Seite hinüber. Als er aus dem Fluß stieg, zitterte er am ganzen Leib, aber er tat, als sei nichts gewesen, und während er sich anzog, erzählte er, wie Alfred Wegener ganze Eismeerflüsse durchschwommen hatte. Dann machte er ein paar Liegestützen, um sich aufzuwärmen, warf Holz ins Feuer und schaute auf den Fluß, als wollte er sich ein zweites Mal hineinstürzen. Einmal schwebte ein roter Milan durch die Flühe. Wir sahen dem Vogel nach, bis er sich irgendwo am Ende der Schlucht verlor. Dann erklärte mir Marius den Unterschied von Kalt- und Warmstart, hängte noch ein paar Bemerkungen über die Anpassung ans Eiswasser an, und während er sprach, beobachtete er die vereiste, senkrecht abfallende Felswand.

»Warte«, sagte Marius, »ich bin gleich zurück.«

Die Felswand war glatt. Nie würde er an der glatten Wand hochkommen.

»Das Gleichgewicht«, erklärte Marius, »ist noch wichtiger als die Orientierung.«

Ich versuchte ihn zu warnen, schon stieg er hoch.

»Kein Problem«, hörte ich ihn sagen, »es ist alles eine Sache der Einstellung.«

Er hangelte sich die Wand hoch, als wäre sie gar nicht vereist, schlug den Pickel ins Eis, zog sich hoch, schlug das nächste Loch, zwischendurch breitete er seine Arme aus wie ein Flieger oder Prediger. Er gewann immer mehr an Höhe, und auf einmal war er hinter dem Felsen verschwunden.

Der Nebel zog zäh und klebrig die Schlucht herauf. Ich horchte zum Felsen hinüber, sah den Nebel immer näher kommen und rief in den Nebel hinein, um Marius den Standort anzuzeigen.

Wie aus dem Boden gewachsen stand er vor mir.

Er blickte in die Richtung des Schluchtwaldes.

»Ein Schrei«, belehrte mich Marius, »hat immer etwas Verräterisches.«

Er sah mich nicht an, aber es klang wie ein Vorwurf.

»Wir werden uns jetzt einen Fisch braten«, sagte er, »damit wir bei Kräften bleiben.«

Also schlugen wir mit dem Pickel das Flußeis auf, aber es war weit und breit kein Fisch zu sehen, weil sich die Fische auf den Grund zurückgezogen hatten.

Marius nickte nachdenklich.

Möglich, daß er in dem Verhalten der Fische eine nachahmenswerte Art von Strategie sah.

Wir saßen am Feuer, wärmten uns auf und versuchten, den gebratenen Fisch zu vergessen.

Man sah nichts, man hörte nichts, das Feuer: unser einziger Lichtblick.

»Wegen des Nebels«, bemerkte Marius, während er das Feuer schürte, »wäre beinahe die große Masurenschlacht ausgefallen.«

Er schwieg, und es war klar, daß ihm jetzt der ganze Kampfverlauf durch den Kopf ging.

»Cäsar«, fuhr Marius fort, »weigerte sich grundsätzlich, bei Nebel zu kämpfen, und Hannibal glaubte, daß der Nebel rings um die oberitalienischen Seen ein fauler Trick der Römer sei, um sich unsichtbar zu machen. Andererseits habe Hermann der Cheruskerfürst keine Sekunde gezögert, um mit Hilfe des Nebels die römischen Eindringlinge unter Varus zu vernichten. Aber natürlich hätte er sie auch ohne Nebel vernichtet.«

Der Nebel und der Krieg! Die Bedeutung der Naturgewalt für den Krieg überhaupt!

Einmal war ein Rauschen über uns wie das Rauschen eines Entenflugs, aber als Marius das Gewehr hochriß, war das Rauschen schon vorbei.

Spät, sehr spät kam ich zu Hause an. Ich hatte Franziska schon lange nicht so zornig gesehen. Und während sie mich ins Bett packte, daß ich mich nicht rühren konnte, brachte Julia einen Tee, der nach abgebrühtem Sud schmeckte.

»Treibt sich mit dem Kind in der Schlucht herum bei so einem Wetter und ohne Handschuhe und Ohrenwärmer, ja, ist der überhaupt noch bei Verstand?«

Julia, die Marius nicht ausstehen konnte.

33

Auf dem Weg von Randendorf nach Fützen – der Schnee war am Schmelzen, und die Anemonen hoben die Köpfe aus der Erde – hatten sich zwei polnische Gefangene davongemacht. Marius, der für den Gefangenentransport verantwortlich war, wurde in der Stadt vernommen. Im Dorf ging die Rede um, er habe die Polen mit Absicht laufen lassen, um endlich – wenn auch strafversetzt – an die Front zu kommen, und Julia sagte jedem, der es hören wollte, sie habe dem Burschen noch nie getraut.

Natürlich hatte Marius die Polen nicht absichtlich laufen lassen, er war beim Transport ja auch nicht dabei gewesen. Aber darauf kam es nicht an: daß man es ihm zutraute, das war es. Man kannte ihn ja viel zu wenig. So dichtete man ihm das und jenes an: Daß er die Autos widerrechtlich auf der Straße anhalte, daß er wildere, daß er auf dem Hohen Randen heimlich eine MG-Stellung ausbaue, daß er seinen Onkel, den Ortsgruppenleiter, einen Blindgänger genannt und die Tochter des Feuerwehrkommandanten geschwängert habe, daß er so eingebildet sei, daß er mit sich selber rede, daß er mit den Gefangenen konspiriere und daß er so gut wie nie zu einer Ortsgruppenversammlung erscheine, obwohl er als Polizeileutnant dazu verpflichtet sei, und daß er vor Jahren den Zug auf dem Grimmelshofer Viadukt mit vorgehaltenem Gewehr angehalten habe, so sturzbetrunken sei er gewesen, und daß er schon einige Male erklärt habe, daß er selbst das Kommando übernehmen werde, falls die

Franzosen einmal den Randen heraufkommen sollten und anderes mehr. Jeder wußte, daß es Unsinn war, aber man plapperte den Unsinn nach. Vielleicht wußte Marius gar nicht, was da über ihn hinter vorgehaltener Hand gefaselt wurde, aber wenn er es gewußt hätte, es hätte ihn wenig gekümmert.

Als er aus der Stadt zurückkehrte, war er seinen Bewachungsposten los. Er war jetzt für die Feindbewachung zuständig, ein Auftrag, der keiner war, weil es keine Feinde gab. Er streifte durch die Wälder, jagte Wildtauben und träumte von seinem Fronteinsatz.

»Kein übler Kerl«, pflegte der Bury zu sagen, »aber er hat Geheimnisse.«

Einmal hielt er am Wald ein Auto an und Marius stieg aufs Auto, hob den Deckel und sah ein Schwein drin liegen und eine Kiste mit Schnaps. Der Fahrer zeigte seinen Parteiausweis und vielleicht noch ein paar andere Ausweise, was aber Marius wenig beeindruckte. Doch ein paar Tage darauf mußte er einen Revers unterschreiben, wonach Parteiausweise in Zukunft gebührend zu beachten seien, und also stieg Marius auf keine Autos mehr, hielt auch keine Autos mehr an.

Marius!

Ich sehe ihn deutlich vor mir, das Gelände durchstreifend, den Himmel beobachtend, von dem er alles Unheil kommen sah. Sein ferner Blick, seine Unruhe, seine Unberührbarkeit. Er war ein Fremder, aber auch das schien ihn nicht zu berühren.

Vielleicht schien ihn überhaupt nichts zu berühren, paßte sich, als alles vorüber war, widerspruchslos den neuen Verhältnissen an.

Hätte ich ihn besucht, möglich, daß ich ihn nicht wiedererkannt hätte.

34

Dann, eines Morgens, stand jener Kutschenwagen auf dem Kamm, der roch nach weiter Welt und Abenteuer. Auf dem Weg zur Schule bog ich von der Straße ab und radelte zum Kamm hoch. Dort stand ich eine Weile vor dem blau gestrichenen, verschlossenen Wagen, dem Pferdchen, das nicht viel größer war als ein ausgewachsener Esel, und dem Käfig mit dem Papagei, der »Hallo« und »Ende« sagen konnte. Nach der Schule war ich gleich wieder oben, da waren schon andere Kinder da, die um den Wagen herumschlichen oder dem Mann zuschauten, der zusammen mit einem Jungen das Zelt aufbaute. Aus dem Wagen ertönte die Stimme einer Frau, die die Lautstärke eines Horns hatte:

»Ihr könnt euch gleich aus dem Staub machen, wenn ihr nur zum Gaffen hergekommen seid, und Freikarten gibt's dafür schon gar nicht.«

Da wir aber Freikarten wollten, ließen wir uns nicht lange bitten und halfen dem Mann und dem Jungen beim Zeltaufbau, schleppten Bänke aus dem Randenwirtshaus herbei, streuten Sägmehl und halfen das Seil spannen. Es war ein kleines Zelt, und höchstens hundert Leute hatten darin Platz. Und die Bänke, die wir aufstellten, waren sowieso nur für die Erwachsenen.

Später, es ging schon auf den Abend zu, drückte mir die Frau, eine korpulente Person, die aus dem Wagen geschrien hatte, einen Sack in die Hand und fragte, ob ich ihr Heu fürs Pferd besorgen wolle, und ich bekäme zwei Freikarten dafür, und ich nahm den Sack, obwohl ich mir schon eine Freikarte fürs Bänkeschleppen verdient hatte, und ging zum Bury, um das Heu zu holen.

Am nächsten Tag war ich gleich nach der Schule wieder oben.

Wie ich am Wagen vorbeikam, stand die Frau unter der Tür und beobachtete mich.

Mehr aus Verlegenheit fragte ich, ob sie noch einen Sack Heu brauche.

Die Frau, die mich wiedererkannte, rief über die Schulter in den Wagen, ob man noch einen Sack Heu brauche, und als keine Antwort aus dem Wagen kam, fragte sie mich, ob ich nicht hereinkommen wolle, und wie ich noch zögerte, streckte sie ihre Hand aus und zog mich in den Wagen.

In dem saßen der Mann und der Junge und ein Mädchen, das war vielleicht so alt wie ich. Sie saßen um einen aus Kistenbrettern gemachten Tisch und spielten Karten und rauchten, nur der Junge rauchte nicht, der war jünger als das Mädchen und hatte einen fahrigen Blick. Der Mann, ein buckliges Männlein mit aschgrauem Haar, nickte mir zu, und die Frau drückte mich auf ein Gestell, das wie ein Stuhl aussah, und ich saß da, als wäre ich schon immer da gesessen.

Dann spürte ich ein Augenpaar auf mich gerichtet, und wie ich aufsah, blickte ich in dieses blasse Gesicht des Mädchens.

»Ich heiße Nadja«, sagte sie, »und du?«

»Nadja?«

»Es ist auch mein Künstlername, gefällt er dir?«

Noch nie hatte ich diesen Namen gehört.

»Es ist ein fremder Name«, sagte die dicke Frau, die anfing, Geschirr über einem Eimer zu waschen, »ein französischer, vielleicht sogar ein italienischer.«

»Also ein italienischer ist es bestimmt nicht«, mischte sich da der Mann ein, »denn das wüßte ich.«

»Mein Vater ist Italiener«, sagte Nadja.

»Ein halber«, verbesserte die Frau.

»Er heißt Julio«, sagte Nadja, »und das ist Roman« und deutete auf den Jungen, der schweigend dasaß, als verstünde er nicht, was gesprochen wurde.

»Und zu mir kannst du ruhig Karla sagen«, rief die Frau, »so heiße ich nämlich.«

»Ein halber Italiener«, sagte der Mann verärgert und warf die Karten hin, »ich gehe ins Dorf.«

Und er stand auf und ging mit dem Jungen ins Dorf.

»Und du könntest mir beim Abwaschen helfen«, rief die Frau, die Karla hieß.

Nadja befestigte eine Spange im Haar und sah mich an.

»Kommst du wieder?«

Der nächste Tag war ein trüber Tag, und es war der Tag, an dem die Vorstellung stattfinden sollte.

Als ich vor ihrem Wagen stand, stand plötzlich Nadja neben mir, den Einkaufskorb in der Hand.

»Komm«, sagte sie und nahm mich bei der Hand.

»Vergiß die Seife nicht«, rief die Frau. »Und komm nicht zu spät, du mußt noch üben.«

»Üben?« fragte ich, als wir zusammen den Kamm hinauf gingen, »aber das kannst du doch schon alles.«

»Ach«, sagte Nadja, und es klang ein wenig herablassend, »üben muß man immer, sonst bringt man es nicht weit.«

»Aber wie weit willst du es denn bringen?«

Nadja blieb stehen und überlegte.

»Einmal in einem richtigen großen Zirkus auftreten, mit Tieren und Clowns und Orchester, am liebsten in Amerika, das möchte ich.«

»In Amerika?«

»Ja, in Amerika«, sagte Nadja und ging weiter.

Im Laden neben der Randenwirtschaft kaufte Nadja Seife und Schnürriemen und Zigaretten und eine Kerze und ein Fläschchen Duftwasser und zwei Lakritzstangen.

Dann setzten wir uns vor die Wirtschaft, kauten Lakritzstangen und schauten den Leuten auf der Straße nach, deren Gesichter im Nebel grau und düster wirkten.

»Wieso halber Italiener?« wollte ich von Nadja wissen.

»Sein Vater war Sizilianer«, erklärte Nadja, »ein entlassener Soldat, ein Tunichtgut, zog mit seinem Flohzirkus überall in Europa herum, trieb es mit den Weibern, bis er eine von ihnen heiratete und ihr ein Kind machte, den Julio. Und der Julio, mußt du wissen, ist vom gleichen Blut, hat auch immer den Weibern nachgestellt, bis er das Zipperlein kriegte.

»Das Zipperlein?«

Nadja lächelte.

»Ach, das ist vorbei. Jetzt ist er still und tut, was Karla sagt. Aber früher!«

Sie schüttelte den Kopf.

»Er muß ein richtiger Windhund gewesen sein. Kannst du dir das vorstellen?«

Ein Lastwagen mit jungen Soldaten fuhr vorbei, und Nadja sagte – und es klang, als hätte sie diesen Satz schon öfters gesagt:

»Da fährt das junge Blut dahin und weiß nicht, ob es wiederkehrt.«

Es klang komisch, und wir mußten beide lachen.

Aber es war gar nicht zum Lachen.

Weil Nadja den Bahnhof sehen wollte, gingen wir zum Bahnhof hinunter. Sie wollte den Einuhrmittagszug einfahren sehen, und also warteten wir auf den Einuhrmittagszug, und als er nicht gleich kam, gingen wir ins Stationsgebäude.

Der Stationsvorsteher hinterm Schalter begrüßte uns wie alte Freunde und wollte wissen, wohin die Reise gehe, und Nadja sagte: »Nach San Franzisco.«

Der Stationsvorsteher überlegte eine Weile und bedauerte, daß er keine Karten nach San Franzisco habe, aber er werde sich mal drum kümmern.

Dann besichtigten wir einen auf dem Abstellgleis stehenden Waggon, auf dem mit Kreide das Wort »Transit« geschrieben stand, und wie wir noch über den Sinn des

Wortes rätselten, tauchte aus dem Nebel der Mittagszug auf wie ein fauchendes Ungeheuer, und ein paar Leute stiegen aus und der Stationsvorsteher hob den Signalstab, und das Ungeheuer verließ die Station.

Um sieben war die Vorstellung.

Franziska, Julia und ich saßen in der ersten Reihe.

Es sah alles ein wenig ärmlich aus für einen Zirkus, aber dann war es ja auch kein richtiger Zirkus, und Franziska meinte, auf die Größe käme es auch nicht an. Doch dann füllte sich das Zelt und das Grammophon spielte einen lustigen Marsch, und die Stimmung wurde besser.

An die erste Nummer erinnere ich mich nicht mehr, ein Gespräch zwischen Julio und einem Affen, hieß »Gespräche am abendlichen Kamin zwischen guten Verwandten« oder so ähnlich. Dann spielte das Grammophon den Liebeswalzer, und es wurde still im Zelt, und mein Herz klopfte ein wenig, als Nadja hereinkam. Ich erkannte sie nicht gleich in ihrem kurzen, paillettenbesetzten Tüllkleid und ihrem Haarreif aus Goldmaché. Lächelnd bestieg sie das Seil und begann, mit dem Parapluie balancierend, bis zur Mitte zu tänzeln, während Roman, der Junge, unter dem Seil neben ihr herlief. Dann machte das Grammophon einen Knacks, und einge Leute im Zelt begannen zu lachen, und Nadja nahm einen Schwung und drehte sich auf dem Seil, und alle klatschten, und Nadja ging einige Schritte weiter, und schon kam die nächste Drehung, und nach jeder Pirouette wurde der Applaus stärker. Schließlich blieb sie stehen, wartete, bis es ganz still im Zelt geworden war, reichte dem Jungen den Parapluie, sah aufs Seil hinab, streckte die Arme, zögerte ein paar Augenblicke und sprang zwei, drei Überschläge, und jetzt hörten die Leute überhaupt nicht mehr zu klatschen auf, und Franziska und ich und Julia klatschten am längsten, und Julia sagte, daß diese Nummer auch in jeden besseren Zirkus gepaßt hätte. Dann winkte Nadja ins Publikum, und einmal schaute sie zu uns herüber, lächelte uns zu. Das war der schönste Augenblick.

Es hätte der vollkommenste Abend werden können, wenn nicht in der letzten Nummer jene Sache mit Caruso passiert wäre, den Julio mit seiner gewaltigen Tenorstimme, die ihm keiner zugetraut hätte, nachahmte. Denn als Julio Luft holte, knallte diese Stimme aus dem Hintergrund wie ein Peitschenhieb durchs Zelt: »Wer den Duce parodiert, beleidigt ein befreundetes Staatsoberhaupt.« Es wurde einen Augenblick still im Zelt, und während die Köpfe sich nach hinten drehten, wo die Stimme hergekommen war, dröhnte plötzlich der mächtige Tenor des kleinen Julio wie des Richters Stimme über allen Häuptern mit der Arie »Wie kannst du's wagen, dreister Narr«, diesmal auf Deutsch. Das Gelächter war groß, und die Stimme aus dem Hintergrund verstummte für den Rest des Abends, und also hatte der Abend doch noch ein gutes Ende.

35

Am nächsten Mittag wartete Nadja schon auf mich.

Sie war allein.

»Komm«, sagte sie, »ich möchte dir etwas zeigen.«

Wir gingen in den hinteren Teil des Wagens, der vom vorderen durch einen Vorhang abgetrennt war. Dort standen zwei Pritschen.

»Mein und Romans Bett«, erklärte Nadja.

»Roman«, sagte ich, »warum sagt er nie etwas?«

Nadja langte unter die Pritsche und holte eine bemalte Holzschachtel hervor, die war nicht größer als ein Buch.

»Er redet nie«, sagte Nadja, »mit niemandem, nicht mal mit seinem Pferd.«

Sie öffnete die Schachtel und holte ein Stück Papier heraus. Das drückte sie an die Brust und sah mich erwartungsvoll an.

»Raten«, rief sie, »du mußt raten.«

Ich hatte keine Ahnung.

»Amerika, Amerika«, rief Nadja, legte das Papier auf die Pritsche und sah mich gespannt an.

Es war ein Ticket, ein Schiffsticket.

Ich nahm es in die Hand.

»Aber es ist abgelaufen«, sagte ich nach einer Weile, »es ist ungültig.«

»Natürlich ist es ungültig«, rief Nadja, »und der, der es mir geschenkt hat, wartet auf mich in San Franzisco.«

»In San Franzisco?«

Nadja lächelte geheimnisvoll.

»Er will, daß ich in seinem Zirkus arbeite. Wenn der Krieg vorbei ist.«

Sie strahlte mich an, als wäre es schon morgen.

»In Amerika, mußt du wissen, ist das Glück zu Hause.«

Es klang, als hätte sie auch diesen Satz schon des öfteren gesagt, aber es gefiel mir, wie sie es sagte. Aber wurden in Amerika nicht die Schwarzen vom Ku-Klux-Klan geteert? Und hungerten dort nicht die Armen in den Großstädten? Und was das Schlimmste war: Hatten die Amerikaner nicht gerade Deutschland den Krieg erklärt?

»Es geht nicht mehr lange«, flüsterte Nadja, »und der Krieg ist zu Ende, und ich fahre nach Amerika.«

Sie war von ihren eigenen Worten so überwältigt, daß sie zu schlucken anfing und sich abwandte.

Da merkte ich, wie wichtig ihr das alles war, Amerika, das Ende des Krieges, der Zirkus, der Mann, der auf sie wartete, und ich sagte ihr, daß sie sicher recht habe mit Amerika und dem Zirkus und all dem, was sie da sagte.

Aber dann wollte ich gar nicht, daß sie ginge, zumindest nicht gleich.

»Warum bringst du sie nicht einmal mit?« sagte Franziska, der nicht entgangen war, wo ich meine Nachmittage zubrachte.

Daran dachte ich, als Nadja und ich am nächsten Tag auf dem Kamm saßen und ins Tal hinabsahen.

»Hier also wohnst du?« sagte Nadja.

»Ein altes Haus«, sagte ich.

Damals hatte ich etwas gegen alte Häuser.

»Ein schönes, altes Haus«, verbesserte sie mich, und ihre Augen ruhten wohlgefällig auf unserem Haus.

»Es knarrt und knarzt an allen Ecken und Enden«, sagte ich, »und der Boden bewegt sich, wenn man darübergeht.«

»Ach!«

Nadja sah mich an, als wolle sie gleich loslachen.

»Und wenn der Wind einfällt, klirren die Fenster, und machmal rollen die Ziegel vom Dach. Mama meint, daß das Haus einmal richtig renoviert werden müßte, aber Papa will nicht, daß etwas geändert wird, ihm gefällt das Haus so, wie es ist.«

Wir sahen schweigend aufs Haus.

»Dein Papa«, sagte Nadja, »warum erzählst du nichts von ihm?«

»Mein Papa«, sagte ich, »sammelt alte Scherben, die er in seinem Institut zusammenkittet, manchmal weiß er sogar ihr Alter. Aber jetzt ist er im Krieg.«

»Im Krieg«, fragte Nadja und wurde auf einmal ganz ernst.

Hinterm Wald konnte man den Abendzug hören.

»Und deine Mama?« fragte Nadja nach einer Weile.

»Meine Mama«, sagte ich, »näht schöne Kleider und wartet auf Papa.«

Wir sahen zum Wald, über den der Rauch hinwegflog.

»Manchmal träumt sie von einem Laden in der Stadt«, fuhr ich fort, »mit Klamotten und all dem Modekram.«

Nadja nickte verständnisvoll.

»Nach dem Krieg«, sagte sie.

Jetzt hörte man den Pfiff.

»Sie will, daß ich dich zum Essen einlade«, sagte ich.

»Deine Mama?« fragte Nadja und betrachtete mich ungläubig und belustigt zugleich.

»Komm«, sagte ich, »ich will dir das Haus zeigen.«

Nadja rührte sich nicht.

Jetzt kam der Zug aus dem Wald, zog in einer langen Schleife durch die Felder auf das Dorf zu.

»Ist es nicht schön«, rief Nadja, und ihre Augen folgten dem Zug, bis er in die Station einfuhr.

»Ich mag Züge«, sagte Nadja, »du auch?«

»Also?« sagte ich und stand auf.

Nadja überlegte.

»Nicht jetzt«, sagte sie schließlich, »nicht heute, es ist schon spät.«

»Aber wann?«

»Vielleicht morgen? Ja, morgen.«

Den Tag darauf war ich wegen des Sportfestes bis zum Abend in der Schule, aber am Sonntag stieg ich gleich nach dem Frühstück zum Kamm hinauf. Es war ein ungewöhnlich klarer Tag, und ich hatte mein Fernglas dabei, das mir der Glückliche geschenkt hatte. Ich traf Nadja vor dem Zelt.

Ich zeigte ihr den Säntis, die Churfirsten, aber Nadja sah noch weiter. Sie sah bis San Franzisco, so weit konnte Nadja sehen. Es machte ihr Spaß, durchs Fernglas zu sehen. Sie hatte noch nie ein Fernglas in der Hand gehabt.

»Neuhaus«, sagte sie plötzlich, »wo liegt Neuhaus?«

»Neuhaus – wie kommst du auf Neuhaus?«

Ich deutete in die Richtung, wo Neuhaus liegt.

»Ja«, sagte sie.

Dann setzte sie das Glas ab, sie strahlte. Es schien kein schöneres Spielzeug zu geben als das Fernglas, und in einer

Anwandlung von Großzügigkeit und Wichtigtuerei sagte ich zu ihr: »Wenn du willst, behalte es.«

Sie sah auf das Fernglas, dann auf mich.

»Ich kann es behalten?« fragte sie.

»Warum nicht?« sagte ich großspurig, »ich brauche es nicht, und wenn Papa zurück ist, kauft er mir ein neues.«

Sie dachte nach.

»Nein«, sagte sie schließlich.

»Aber ich möchte, daß du es behältst«, sagte ich, so starrsinnig war ich.

Da hielt sie das Glas unschlüssig in der Hand und schwieg.

Dann sagte sie, sie müsse zum Essen und ging.

36

Ich erinnere mich gut an jenen Tag. Es war ein Montag und der Tag der Schlacht von Tobruk und der Einberufung unseres Klassenlehrers.

Nadja saß auf der Wagentreppe und rauchte. Sie sagte, daß sie es leid wäre, diese jämmerlichen Abendvorstellungen, diese Wirtshausbesuche, dieses dauernde Herumziehen, und da merkte ich, daß sie nicht glücklich war. Sie fragte mich, ob ich an Hypnose glaube, und erklärte, daß sie sich andauernd einrede, daß alles anders werden müsse. Dann schwieg sie, sah mich an und lächelte.

Einmal stand sie auf, ging in den Wagen, und als sie zurückkam, blieb sie hinter mir stehen, die Hände auf dem Rücken.

»Wählen«, rief sie, »welche Hand?«

Natürlich wählte ich die falsche. Ich habe in solchen Dingen kein Glück. Aber sie lachte nur, und ich mußte die Augen schließen, und wie ich sie wieder öffnete, hatte sie mir dieses Medaillon um den Hals gehängt, und wie ich das Medaillon in die Hand nahm, blickte ich in diese großen, in die Ferne gerichteten Augen: ihre Augen. Und wie ich noch ihre Augen betrachtete, hörte ich sie rufen:

»Gefällt es dir? Wenn es dir gefällt, mußt du es behalten.«

Und ich behielt es.

Nie hat es jemand zu Gesicht bekommen, das Medaillon, auch nicht Franziska. Es hatte etwas mit Vertrauen und Freundschaft zu tun. Aber so teuer mir das Medaillon war, so schnell vergaß ich es, und als ich es wieder entdeckte unter all den anderen Erinnerungsstücken, alten Münzen, Steinen, Aufzugbildern und ähnlichem, war der Krieg schon lang zu Ende, und ich saß vor dem Bild und wußte so wenig damit anzufangen.

An jenem Abend gingen wir beim Bury Heu holen.

Wir mußten uns an seinen Tisch setzen und seinen Most probieren und Roberts Bericht aus Charkow anhören. Der Bury sagte, Charkow sei schon sehr weit, und viel weiter dürfe es eigentlich nicht mehr gehen, weil dann gleich Sibirien, die große Wüste und das Ende der Welt kämen. Aber der Dr. Salis habe im Radio erklärt, daß der Führer mit Stalin einen Waffenstillstand abschließen werde, weil der Krieg mit Rußland sowieso ein Versehen sei, was ja mein Vater schon immer gesagt habe, und weil auch keiner diesen Krieg gewinnen könne. Dann mußten wir von den frisch geernteten Kirschen probieren, und der Bury erklärte, daß es ein gutes Obstjahr werde, und auch das Getreide wachse kräftig, und es wäre schon alles recht, wenn nur der Waffenstillstand endlich käme. Das sagte er wegen Robert, damit der endlich nach Hause käme, und all die andern. Weil Nadja die Hasen sehen wollte, zeigte er uns noch die Hasen, und der Bury sagte, das nächste Mal, wenn wir wiederkämen, würde er Nadja einen Hasen schenken. Dann nahmen wir unseren Sack Heu und machten uns auf den Weg. Als wir zum

Wagen kamen, saß Julio am Tisch vor einem Blatt Papier, in das waren geheimnisvolle Zeichen eingetragen, während Roman sich am Zelt zu schaffen machte; von Karla war nichts zu sehen.

Nadja ging mit mir zum Kamm bis zu der Stelle, wo man unser Haus sieht. Ich sagte Nadja, daß sie uns noch immer nicht besucht habe und daß ich ihr die Bilder und Steine und das Amselnest im Garten zeigen wolle. Und Nadja nickte und blickte aufs Haus und versprach, daß sie bestimmt einmal kommen werde. Dann schauten wir zum Wald hinüber, hörten die Tauben rufen, sahen den Rauch vom Abendzug über den Wald ziehen, und Nadja drückte meine Hand und sagte: »Ist es nicht schön?«

Bevor sie ging, umarmte sie mich. Noch nie hatte mich ein Mädchen umarmt.

Einmal drehte sie sich um und winkte.

37

Am andern Morgen waren sie verschwunden.

Vom Wagen war nur noch die Spur zu sehen, und wo das Zelt gestanden hatte, blieb eine ausgetretene Grasnarbe zurück. Sie mußten in aller Frühe aufgebrochen sein.

Wie ich über den leeren Platz ging, sah ich Julios Finger, wie er über dieses Stück Papier fuhr, und Nadjas Frage fiel mir ein, wie weit es nach Neuhaus sei. Warum hatte sie mir nichts gesagt? Warum hatte sie mir nicht vertraut?

Ich setzte mich aufs Rad und fuhr los, immer dem Kutschenwagen nach. Ich mußte sie finden, ich mußte Nadja finden. Ich wollte, daß sie zurückkehrte. Ich nahm die Abkürzung durch den Wald. Dabei wußte ich gar nicht, ob sie überhaupt nach Neuhaus gefahren waren. Nach zirka einer Stunde sah ich Neuhaus unter mir im Nebel. Ich stieg ab, ging zur Aussichtskanzel. Meine Enttäuschung war groß: nichts als Soldaten und Feldjäger, die mit umgehängter Maschinenpistole um die Grenzsperre herumstanden. Sonst war niemand zu sehen, keine Reisenden, keine Grenzgänger, kein Zirkuswagen, keine Nadja: Es war, als gebe es nur Soldaten auf der Welt. Es war auch nichts zu hören, weil der Nebel jeden Laut verschluckte. Selbst der Militärlastwagen, der plötzlich aus dem Nebel auftauchte, schien ohne Motor zu fahren. Während er noch dahinrollte, sprangen Soldaten vom Wagen herunter, und der Militärlastwagen wendete und fuhr die Straße zum Randen hoch, und die Soldaten, die abgesprungen waren, verteilten sich um die Sperre und das Zollgebäude, und jetzt sah man wirklich nur noch Soldaten.

Auf einmal stand da dieser schwarze Benz und drum herum ein paar von den Soldaten, von denen rannte einer ins Zollgebäude, und der Benz rollte ein paar Meter weiter, und eine Nebelwand zog über den Hang hinweg, und ich sah nichts mehr. Und der Nebel zog weiter über die Straße und Sperre und Grenze nach Bargen und Merishausen zu, und den Nebel konnte keiner aufhalten, nicht mal die Polizei. Aber Zirkusreisende konnten sie aufhalten, die niemandem etwas zu Leide getan hatten, oder den schwarzen Benz, in dem ich jetzt die Umrisse eines älteren Herrn erkannte, der saß im Fond und sah aus wie Hindenburg. Wer war dieser Herr? Ein Schweizer, der ins Land zurückkehrte? Ein Diplomat, Friedensunterhändler, ein Beauftragter des Völkerbundes? Der Bury hatte einmal erzählt, daß noch nie so viele Friedensunterhändler unterwegs gewesen seien und daß von den Friedensunterhändlern das Schicksal der Menschheit abhänge. Und weil das so war, versuchte ich noch mehr von dem feinen Herrn im Fond wahrzunehmen, aber ich war zu weit entfernt. Dann kam die nächste Nebelwand und verschlang Hang und Straße und Grenze und Wald, ich wußte nicht einmal mehr, wo ich war. Ich wartete darauf, daß sich der Nebel verzog, aber der Nebel war überall. Es gab kein Neuhaus mehr, keine Straße, keine Soldaten, keine Grenzsperre, es gab nur noch Nebel.

Ich suchte mein Rad und fuhr zum Wald hoch, und mir war klar, daß sie hier nie und nimmer durchgekommen sein konnten, daß sie erst gar nicht den Versuch gemacht haben konnten. Vielleicht daß sie in den Hegau hinuntergezogen waren oder zum See. Vielleicht waren sie auch nur zum Nachbardorf gezogen. Auf der Höhenstraße kamen mir die Heuwagen entgegen, und ich hätte die Bauern fragen können, ob sie einen blaugestrichenen Kutschenwagen mit vier Personen und einem Pferd, das so klein war wie ein Pony, und einem Papageienkäfig auf dem Wagendach gesehen hätten. Aber wenn sie einen solchen gesehen hätten, hätte ich ihn ebensogut sehen können, denn ich fuhr durch die gleichen Dörfer.

Je mehr ich mich nun dem Randendorf näherte, um so stärker wurde diese fixe Idee in mir, daß der Wagen dort stand, wo er immer gestanden hatte, weil sie inzwischen von ihrem Ausflug zurückgekehrt waren, und ich mußte lachen über meine Dummheit. Dann tauchte Randendorf auf, und wie ich den Kamm hinaufstieg, war der leer wie am Morgen. Ein paar Kinder rannten herum, und der rote Hodel erzählte, es wäre schon besser, daß sie gegangen seien, mehr sage er nicht, das hatte er von seinem Vater, der wie alle Polizisten was gegen Zirkusleute hatte.

Franziska betrachtete mich etwas länger als sonst, als ich unter der Tür stand – ohne Schultasche und mit verdreckter Hose. Sie schien sich in mir nicht mehr auszukennen.

Sie tat mir leid.

Alle taten mir leid. Nadja, weil sie von einem andern Leben träumte; der feine Herr vom Völkerbund, der gekommen war, um der Welt den Frieden zu bringen, ja selbst die

Grenzsoldaten taten mir leid, weil sie Menschen daran hindern mußten, ihr Glück in einem andern Land zu suchen.

Am meisten tat ich mir selber leid, denn es war mir, als sei mir etwas Wichtiges, Unersetzliches verlorengegangen.

38

Dann kamen die Ferien, und auf dem Randen schwirrten die Sensen, und in den Gärten glühten die ersten Dahlien, und wenn ich mit dem Bury nicht aufs Feld ging, saß ich in der Kastanie und las, bis die Sonne unterging. Aber vielleicht konnte ich gar nicht lesen, weil ich immerzu an Nadja denken mußte. Ich hätte viel gegeben zu erfahren, wo sie steckte. Vielleicht hätte ich zu dem alten Hodel gehen sollen, vielleicht hätte er mir einen Hinweis gegeben. Er war kein schlechter Mensch, und es war bekannt, daß er einem mitunter sogar half, falls es ihm nicht schadete. Ich hätte immer noch zu ihm gehen können, aber ich traute mich nicht.

In jenen Ferientagen geschah es, daß der Zug auf dem Weg in die Stadt einmal mitten im Feld stehenblieb, und das hatte es lange nicht gegeben. Ein Maschinenschaden, ein Gleisbruch, keiner wußte, was los war, und der Lokführer, der es vielleicht hätte wissen können, hatte sich davongemacht, während der Schaffner das Häuflein Fahrgäste zu beruhigen suchte. Als der Lokführer immer noch nicht auftauchen wollte, verließen die Fahrgäste den Zug, flanierten durch die Felder oder ließen sich auf dem Bahnrain nieder, und später, als ich nach dem Mittagessen zurückkehrte, saßen sie unter einem Baum, betrachteten halb verwundert, halb verärgert den stehenden Zug. Und jetzt war auch der Schaffner verschwunden. Es hieß, er sei ins Dorf gelaufen, um dem Bahnhofsvorsteher Bescheid zu sagen.

Endlich, es ging schon auf den Abend zu, tauchten ein paar Männer hinterm Hügel auf, die kamen das Bahngleis herauf, und an der Spitze der Polizeileutnant, hinter ihm der Schaffner und ein paar Eisenbahnarbeiter. Vom Lokführer war nichts zu sehen.

Kaum waren sie da, ging die Fragerei los, was denn passiert sei, ob es sich wirklich nur um einen technischen Defekt handle oder um einen Sabotageakt oder noch Schlimmeres.

Einer der Passagiere, der nicht von der Gegend war, beschwerte sich laut, weil man ihn einen halben Tag lang im Feld sitzen ließ, während er zu einem wichtigen Vortrag erwartet werde. Aber die Arbeiter taten, als verstünden sie nicht, machten sich an der Lok zu schaffen, während Marius mit seinem Fernrohr den westlichen Himmel beobachtete.

Es dauerte nicht lange, bis die Lok sich wieder zu rühren begann, fuhr auch gleich unter gewaltigem Schnaufen an, und der Schaffner blies seine Trillerpfeife, und die Fahrgäste bestiegen den Zug, während Marius jetzt den östlichen Teil des Himmels beobachtete.

Aber wie jetzt der Zug losfahren sollte, stellte man fest, daß man keinen Lokführer hatte, weil der Lokführer nicht mehr zurückgekehrt war. Von den Arbeitern traute sich keiner, auf die Lok zu steigen, bis der Schaffner sich bereit erklärte, den Zug wenigstens ins Dorf zu fahren. Aber der Herr, der sich schon über die Fahrtunterbrechnung beschwert hatte, sagte, er werde nicht den Zug besteigen, wenn nicht ein Lokführer den Zug fahre. Marius, der gerade einen bestimmten Punkt am Himmel im Visier hatte, nahm das Fernglas von den Augen, stieg auf die Lok und erklärte, daß *er* die Lok fahren werde.

Und so fuhren sie los, und es passierte nichts, weil der Schaffner mit der Lok zurechtkam und es bis zum Dorf ohnehin nicht weit war.

Viel später habe ich von Marius den Grund für die Unterbrechung erfahren: Der Lokführer, ein erfahrener und zuverlässiger Mann, hatte einfach nicht mehr weiterfahren wollen, als er dieses Summen in der Luft hörte, und das, wie er später zu Protokoll gab, um so lauter geworden sei, je näher man sich der Stadt genähert habe. Er habe es einfach nicht mehr ertragen und habe deshalb angehalten. Man habe ihn in die Stadt gebracht, wo man ihn auf seinen geistigen Zustand hin untersuchte. Man habe nichts Besonderes festgestellt, aber eine Lok dürfe er natürlich nicht mehr fahren.

Als ich die Geschichte Franziska erzählte, hörte sie aus einem mir unbegreiflichen Grund wie gebannt zu, sagte aber nichts.

39

Es war ein kurzer Sommer. Über Nacht blühten die Herbstzeitlosen auf, die Vögel wurden unruhig, und die Maulwürfe gruben sich tief in die Erde ein. Dann nahm der Wind an Stärke zu, und die Kastanien trommelten aufs Dach, und Julia räumte die Beete ab, und Robert bekam eine Auszeichnung wegen Tapferkeit vor dem Feind, und Franziska wechselte die Gardinen aus, und der Kreisleiter rief zur allgemeinen Kaninchenzucht auf zwecks Sicherung der Volksernährung (Julia hatte ausgerechnet, daß eine Häsin durch Nachzucht tatsächlich bis zu 20 Kilo Frischfleisch im Jahr liefere), und der Bury prophezeite einen langen, harten Winter.

An jenem ersten Herbsttag ging ich am Mittag den Randensteig hinunter, um den Segelfliegern in Zollhaus zuzuschauen. Gleich beim Eintritt in den Wald sah ich den Feldhüter unbewegt hinter einem Baum stehen. Er beobachtete ein Waldstück. Da er mir den Rücken zukehrte, konnte er mich nicht sehen. Nach einer Weile sprang er hinterm Baum hervor und pirschte sich an den nächsten Baum heran. Vielleicht daß er ein Wild beobachtete oder einen Pilzsucher. Selten sah man ihn in freier Landschaft, und Julia behauptete, das komme daher, weil dieser noch immer im Randensteiger Wald nach seinem Arm suche, den er bei einer Gasexplosion verloren habe, aber in Wirklichkeit hatte der Feldhüter seinen Arm im Frankreichfeldzug 1914 verloren.

Man konnte sich keinen undurchsichtigeren Menschen vorstellen, und viele machten einen weiten Bogen um ihn, weil sie seinen Jähzorn fürchteten oder seine Hinterhältigkeit. Seine Frau hatte ihn schon vor Jahren verlassen, und was aus seinen Kindern geworden war, wußte keiner. Wenn er betrunken war, sang er in den Wirtshäusern ungeniert und ohne Rücksicht darauf, daß ihn niemand mochte.

Einmal hatte er zwei polnische Fremdarbeiter, die sich davongemacht hatten, in einer Kiesgrube aufgespürt und sie, mit einem Kälberstrick aneinandergefesselt, nach Zollhaus zurückgebracht. Er sollte dafür eine Ehrung erhalten, die er dann doch nicht bekam, weil er kurz darauf den Sohn des Bürgermeisters vom Birnbaum schüttelte, wobei sich dieser ein paar Brüche zuzog.

Es waren nur wenige Flieger im Ried.

Ich beneidete die Flieger. Wenn mir das Leben als Flieger ein erstrebenswertes Leben zu sein schien, dann lag es auch an unserem Physiklehrer.

»Immer, wenn du denkst, es geht nicht mehr, kommt von irgendwo ein Aufwind her.«

Sein Lieblingsspruch.

Scheinbar war der Aufwind die Antwort auf alle Fragen, die Lösung des Rätsels. Sein Physikunterricht bestand vor allem darin, daß er uns irgendwelche Anstellwinkel und Gleitzahlen errechnen ließ und uns von Lilienthal und Max Kegel erzählte, der für immer in den Wolken verschwand wie der fliegende Robert. Er war beliebt, weil er keinen Lehrplan kannte und kein Notenbuch besaß, jedenfalls sah man es nie bei ihm. Später meldete er sich an die Front, natürlich als Flieger, flog eine Reihe von Angriffen gegen das perfide Albion und wurde über einem Obstgarten im südlichen England abgeschossen. Als der Krieg vorbei war, heiratete er die Krankenschwester, die sich so liebevoll um seine Verletzungen gekümmert hatte und wanderte mit ihr nach Neuseeland aus, wo er mit ihr zusammen einen pazifistischen Verlag gründete.

Bei einem Klassentreffen bin ich ihm Jahre später wieder begegnet. Er hatte noch den gleichen aufwärtsgewandten Blick. Als man ihm seine Aussprüche von damals vortrug, lachte er nur. Er schien ein wenig abwesend zu sein und ging auch bald. Später las ich seinen Namen in der Zeitung im Zusammenhang mit einer Initiative gegen Atomversuche im Pazifik.

Ich liege im Gras.

Selbst bei geschlossenen Augen sehe ich hinterm Ried den grünen Gipfel des kleinen Randen, hinter dem das Dorf liegt, das Tal, das Haus.

Einmal kommen Leute durchs Ried, zwei Männer und eine Frau mit strohblondem Haar. Die beiden Männer haben Schmetterlingsnetze in den Händen. Sie bleiben stehen, blikken zum Himmel hoch. Dann schwärmen die Männer ins Ried aus, während die Frau sich ans Seeufer setzt, wo sie die Seerosen betrachtet, die im Schilf blühen. Später zieht sie Schuhe und Strümpfe aus und legt sich in die Sonne. Von den Schmetterlingsjägern ist nichts mehr zu sehen. Wenn ich auf den See hinunterschaue, sehe ich ihre nackten aufgestellten Beine. Ich stelle mir vor, wie es wäre, wenn sie jetzt heraufkäme und sich zu mir legte, und der Gedanke läßt mich eine ganze Weile nicht mehr los.

Wenn die Männer aus dem Ried auftauchen, schwenken sie ihre Netze, winken der Frau, und die Frau winkt zurück.

Zu dritt gehen sie am See entlang. Wenn sie unter mir vorbeiziehen, schaut die Frau lächelnd herauf, aber ich glaube, sie sieht mich nicht. Wie ich ihnen nachschaue, rauscht es über mir auf, aber jetzt möchte ich gar nicht da oben sein, und wenn, nur mit ihr, die zwischen den beiden Männern dahinschwebt wie ein Engel.

Ich liege im Gras und träume.

Einmal höre ich Schritte hinter mir, spüre den Schatten über mir:

»Komm schnell«, flüstert eine Stimme, »dein Papa ist gekommen.«

40

Ich erkannte ihn kaum wieder.

Der da heimgekehrt war, schien wie ein anderer: eine klapprige, ausgezehrte Erscheinung, eisgrau das Haar. Was das Schlimmste war: Er schnappte unentwegt nach Luft: Das Herz war ihm zu eng geworden. Aber er war es, und seine Präsenz füllte sogleich jeden Winkel des Hauses. Ich weiß nicht, ob ich mich sehr freute, ich weiß nur, daß alles sehr aufregend war und daß Franziska Tag und Nacht um den Glücklichen herum war und der Doktor ein sorgenvolles Gesicht machte.

Man hatte den Glücklichen im Lazarett behandelt, ohne ihm helfen zu können, und jetzt, wo er zu Hause war, hoffte er, wieder zu Atem zu kommen. Obwohl es schon herbstlich kalt war, standen Tag und Nacht die Fenster offen, und der Glückliche, wenn er einmal nicht im Bett lag, spazierte vor den offenen Fenstern auf und ab oder stand, auf den Fensterrahmen gestützt, da, um das Herz mit Luft zu füllen.

Gut erinnere ich mich an seine nächtlichen Spaziergänge im Haus, wenn er keinen Schlaf fand, weil ihm die Luft auszugehen drohte. Aber dann war Franziska doch immer in seiner Nähe, half ihm, durch die Nacht zu kommen. Einmal schickte mich Franziska den Doktor holen, weil die Schmerzen so groß waren, und es war das einzige Mal, daß ich den Glücklichen weinen sah, aber er weinte nicht wegen der Schmerzen, er weinte aus Scham.

Später, als es ihm etwas besser ging, kam eine Delegation, um dem Glücklichen zu dieser Auszeichnung zu beglückwünschen, die er für seine heldenhafte Flucht erhalten hatte. Nie habe ich erfahren, um was für eine Auszeichnung es sich handelte, denn der Glückliche sprach nie darüber. Aber dann ging das Gerücht im Dorf herum, er habe nicht nur diese Auszeichnung erhalten, sondern sei auch gleich noch zum Major befördert worden.

Das war natürlich Unsinn, denn der Glückliche hatte nie einen Offiziersrang besessen, aber wenn er jetzt durchs Dorf ging, wurde er mit noch größerer Ehrerbietung begrüßt oder als Herr Major angesprochen, was uns so amüsierte, daß auch wir ihn einige Male so ansprachen, dann lächelte er traurig. Er hörte es nicht gern, und wir ließen es.

Marius, der aufmerksam das Gerede um den Glücklichen verfolgte, sprach, wenn die Rede auf diesen kam, in Tönen, als spreche er nicht von einem geflüchteten Soldaten, sondern von einem Sieger: er bewunderte den Glücklichen.

Genau ein Jahr, zehn Monate, drei Wochen und vier Tage, so hatte Julia ausgerechnet, hatte der Glückliche Führer, Volk und Reich geschenkt, und die Zeit war ihm, schien es, nicht gut bekommen.

Er war schweigsam geworden.

Und er tat sich schwer mit dem Einleben.

Jeden Tag kam der Doktor, um seine Herzschläge zu prüfen, manchmal blieb er auch noch für eine Partie Domino. Er sprach von einer Kur, aber der Glückliche wollte nicht. Er wollte nicht mehr von zu Hause weg. Einmal brachte er dem

Glücklichen Jules Vernes »Von der Erde zum Mond« mit, vielleicht damit dieser von den irdischen Kümmernissen ein wenig abgelenkt werde. Später fiel das Buch mir in die Hände, und so begann meine Zeit als Jules-Verne-Leser.

Als der Winter kam, machte der Glückliche seine ersten Spaziergänge ums Haus, sah Franziska bei der Arbeit zu, erkundigte sich nach meinen Schularbeiten und hörte aufmerksam zu, wenn Julia über irgendwelche Dorfgeschichten tratschte. Es schien, als beginne er wieder, sich für das Leben um ihn herum zu interessieren. Er erzählte auch selbst irgendwelche Geschichten, aber nie erzählte er von jener Zeit, als er nichts anderes getan hatte, als in einem fremden Land eine fremde Brücke zu bewachen, die ein General für strategisch unentbehrlich hielt, um sich dann, als es nichts mehr zu bewachen gab, zu den deutschen Linien durchzuschlagen. Dann spürten wir, daß etwas geschehen war, was nicht erzählt werden konnte, weil es etwas Unbeschreibliches einschloß.

Um jene Zeit erschien ein Artikel in unserer Zeitung, in dem über den heldenhaften Kampf eines verlorenen Haufens in den Ardennen berichtet wurde. Von der Sicherung einer Eisenbahnbrücke war die Rede, von Partisanen, von Sabotageakten, von Verrat und Sühne. Ich erinnere mich an jenen Artikel, noch mehr aber an jene Irritation, die er bei Franziska auslöste.

Auch jetzt schwieg der Glückliche.

Er hatte sich ein keltisches Wörterbuch zugelegt und lernte Keltisch.

41

Am Weihnachtsmorgen, als der Alte und Tante Ottilie ankamen, lag so viel Schnee, daß ein Ochs den Schlitten ins Tal ziehen mußte.

Der Alte betrachtete verstört die Schneeberge, ging auch gleich ins Haus hinein, wobei wie immer nichts seinem Blick entging, brummte etwas von totalem Chaos selbst in der Natur, an dem möglicherweise wieder einmal die Engländer schuld waren.

Es war eine stille Weihnacht.

Einmal stapften wir zusammen durch den Schnee zum Wald hoch, aber ohne den Alten, der es vorgezogen hatte, zu Hause zu bleiben und im Radio die Frontberichte zu hören.

Wir gingen ein Stück die Gleise entlang, bis wir auf den Weg nach Fützen kamen. Hier, oberhalb der Eisenbahnbrücke, blieb der Glückliche stehen, sah auf die Brücke hinab, beobachtete aufmerksam Pfeiler und Geländer, ging dann ein paar Schritte auf die Brücke zu, wandte seinen Blick nicht mehr von ihr: es war seine Brücke, seine Ardennenbrücke, zu der er zurückgekehrt war oder die zu ihm zurückgekehrt war.

Nie sind wir zusammen wieder diesen Weg gegangen.

Eines Morgens, der Alte und Tante Ottilie waren wieder abgereist, saß der Glückliche unter den Schneeblumen am offenen Fenster, las, machte sich Notizen. Er hatte an Gewicht zugelegt, die Herzanfälle waren zurückgegangen, nur sein Haar war grau geblieben. Eine Einladung zu einem Vortrag im Altkriegerverein, wo man ihn als Held der Ardennen ankündigte, hatte er rundweg abgelehnt, was keiner, vielleicht außer Franziska, verstehen konnte, am wenigsten Julia, die sich schon darauf gefreut hatte, im Festsaal im »Hohen Randen« in der ersten Reihe zu sitzen, um den Ausführungen des Glücklichen zu lauschen. Warum folgte er der Einladung nicht? Weil es von Heldentaten nichts zu berichten gab? Oder weil er nicht berichten wollte? In der Zeitung wurde die Absage damit begründet, daß der Glückliche sich aus gesundheitlichen Gründen nicht in der Lage sehe, den allseits gewünschten Vortrag zu halten, er werde aber selbstverständlich beizeiten nachgeholt.

An jenem Morgen also kam der Doktor und unterhielt sich mit dem Glücklichen über die Zukunft. Der Glückliche, ans offene Fenster gelehnt, sprach mit leiser Stimme von einer Krise in der Menschheitsgeschichte, die, wie alle Krisen, die schmerzhafte und notwendige Voraussetzung für die weitere, unaufhaltsame Entwicklung sei, worauf sich der Doktor, als habe er nur darauf gewartet, mit geschwollenen Stirnadern über den bereits begonnenen Exitus der Menschheit ausließ, den er übrigens aus vollem Herzen begrüße, weil Schluß sein müsse mit dem Blutrausch einer toll gewordenen Spezies, die das Lebensrecht auf diesem Planeten endgültig verwirkt habe.

Und dies waren vielleicht die seltsamsten Worte, die ich je gehört habe.

Der Glückliche, immer noch ans Fenster gelehnt, mühsam Luft holend, betrachtete einen Augenblick entsetzt den Doktor, öffnete auch den Mund. Aber dann schien es ihm die Sprache verschlagen zu haben, und er schwieg.

Der Doktor blieb ihm ein Rätsel.

Ich glaube, er war uns allen ein Rätsel. Was wußte man schon von ihm? Daß er aus dem Elsaß kam, daß er nach dem Tod seiner Frau auf den Randen gezogen war und seitdem zusammen mit einer Haushälterin ein Haus am Rand des Dorfes bewohnte, daß er ab fünf in der Frühe mit seinen Hausbesuchen begann und den Tag mit Gregorianischen Chorälen beschloß, die er sich auf seinem alten Trichtergrammophon anhörte. Man schätzte ihn wegen seiner handwerklichen Fähigkeiten und amüsierte sich über seine Grobheiten. Freunde hatte er wenige. Was seine Beziehung zum Glücklichen betraf, so fanden sich zwei Außenseiter zusammen, die so wenig gemein hatten und es doch nie an Beweisen für ihre gegenseitige Achtung fehlen ließen.

Daß sich Franziska nicht wohl fühlte in seiner Gegenwart: sie machte kein Geheimnis daraus. Er blieb ihr fremd. Aber sie war klug genug, die Beziehung der beiden Männer zu respektieren, sie wußte auch die Fürsorge des Doktors zu schätzen, die er in jenen kritischen Tagen dem Glücklichen entgegenbrachte.

Einmal lud sie ihn zum Abendessen ein. Sie hatte an alles gedacht, hatte sich nach seinem Lieblingsessen erkundigt, hatte den Tisch mit Blumen und Kerzen geschmückt. Und er kam, starrte auf den Tisch, starrte auf Franziska, setzte sich, aß schweigend ein paar Bissen, wechselte ein paar Worte mit dem Glücklichen und ging unter dem Vorwand, er müsse noch einen Hausbesuch machen.

Später, nach Ende des Krieges, zog sich der Doktor immer mehr in sein Haus zurück, und ein zweiter Arzt ließ sich in Randendorf nieder, und der Doktor schloß seine Praxis, gab sich ganz seiner Musik hin.

Das letzte Mal, daß ich ihn sah, war beim Begräbnis des Glücklichen. Er war in glänzender Form, hielt eine überaus originelle Trauerrede, trank Unmengen von Wein, pries lauthals die neue Zeit und verkündete den nahenden Kollaps des Planeten.

42

Ich schaue auf die Uhr. Ich schalte das Radio ein. Die Stimme des Kommentators ist die Stimme des Doktors von Salis. Und das weiße Licht der Neonröhre ist das weiße Licht des Winters.

Warum geht mir diese Ardennengeschichte nicht aus dem Kopf?

Als nach dem Krieg in Zürich das Gespräch darauf kam, ließ mich der Schauspieler nicht mal ausreden. »Dein Vater hat viel mitgemacht«, höre ich ihn heute noch sagen, und da merkte ich, daß er Bescheid wußte und nichts sagen wollte, und ich drang nicht weiter in ihn. Was hatte ich davon, zu wissen, ob der Glückliche mit sauberen Händen zurückgekehrt war oder nicht, nachdem schon die Teilnahme am Krieg schuldig macht?

Einmal sahen wir im »Hohen Randen« einen Film, in dem ein Trupp versprengter Soldaten durch die Wälder irrte: So gespannt ich das Geschehen auf der Leinwand verfolgte, so wenig entging mir die zunehmende Unruhe des Glücklichen neben mir. War er einer von den Soldaten, der ein zweites Mal an jenem Geschehen teilnahm, oder war es die Luft im überfüllten Saal, die ihm zu schaffen machte?

Wir verließen den Saal, und so erfuhr ich nie den Ausgang des Films. Den Glücklichen in der Mitte, stapften wir durch den Schnee nach Hause, dann machte Franziska einen Tee, und wir spielten Grupf, und dem Glücklichen ging es wieder besser, nur die Augen waren voller Unruhe.

In jener Nacht träume ich, ich gehe mit dem Glücklichen durch einen verschneiten Wald. Plötzlich öffnet sich der Wald einen Spalt breit und gibt den Blick frei auf eine grüne Wiese, auf der Menschen zwanglos und in einigem Abstand beieinanderstehen, als gehörten sie zu einer geladenen Gesellschaft, und auch sie sind grün, dann glaube ich Franziska unter ihnen zu erkennen, und also stehen wir da und schauen, und ich kann mich nicht sattsehen an dem Bild, aus dem wir ausgeschlossen sind.

Manchmal fragte mich der Glückliche Vokabeln ab oder ließ mich mathematische Formeln aufsagen. Am liebsten unterhielt er sich mit mir über die Naturgeschichte, über die Erfindung der Töpferscheibe, über den Schatz aus dem Hohlenstein oder die rauchenden Schmelzöfen der Eisenzeit, hielt lange Monologe über die Sumerer, die Menschen von Eridu, die angeblich das Wort Entsetzen nicht in ihrem Wortschatz hatten, oder über Haeckels System der Medusen oder das weiße Pferd von Uffington.

Wenn es dem Glücklichen von Woche zu Woche besser ging, dann lag es vor allem an Franziska. Nie wieder habe ich die beiden einander so nah gesehen, jeder schien nur Augen für den andern zu haben, und wenn sie auf der Terrasse in der Wintersonne saßen, schienen sie eins zu sein.

43

Dann wurden die Schneeberge noch höher, und die Schneepflüge zogen pausenlos durchs Land, und die Haselkätzchen erfroren, und die Kohle wurde knapp, und die Schule fiel aus, und das Wild kam aus den Wäldern, und Stalingrad fiel, und der Bury wartete noch immer auf Roberts Weihnachtsbrief, und der junge Hodel erzählte überall im Dorf herum, daß alle, die nicht mehr an den Endsieg glaubten, in Schutzhaft kämen.

Noch nie hatten wir uns von der Welt so isoliert gefühlt hinter unseren Bergen aus Schnee. Es war, als brächte dieser Schnee alles zum Schweigen. Selbst Julia wußte, wenn sie ins Tal herunterkam, wenig zu sagen. Nur der kleine Schneekönig, der Zaunkönig, ließ sich von all dem wenig beirren und schmetterte unverdrossen sein Lied in den kalten Wintermorgen, und der Glückliche nahm's als gutes Zeichen. Es schien, als lebten wir auf einer Insel, unvorstellbar, daß es hinter den Bergen etwas anderes geben konnte als Stille und Frieden.

Es muß um diese Zeit gewesen sein, daß ich Marius auf einem Kontrollgang begegnete. Er erzählte, daß sein Onkel, der Ortsgruppenleiter, sich habe umstimmen lassen und seine Versetzung an die Front befürworten wolle, aber erst, nachdem er ihm in die Hand versprochen habe, sich mehr in den hinteren Reihen aufzuhalten, wo die feindlichen Kugeln nicht ganz so zahlreich durch die Gegend schwirrten. Aber er, Marius, werde das Versprechen natürlich nicht halten können, weil nur die Alten und Fußkranken sich in den hinteren Reihen aufhielten.

Während er sprach, beobachtete er mit dem Fernglas die Höhenstraße.

Er schien nervös zu sein, denn er setzte das Fernglas zu oft ab, vielleicht auch, weil er dem Fernglas nicht traute, wie er auch seinem Onkel nicht traute, möglich, daß er dem ganzen Krieg nicht traute, der vielleicht zu Ende ging, bevor er auch nur einen einzigen Schuß abgefeuert hatte. Dann erkundigte er sich nach dem Glücklichen, wollte wissen, wann dieser zu seinem nächsten Abenteuer aufbreche, vielleicht dachte er, daß ihn der Glückliche mitnehme.

Als endlich die Schneeberge in der frühen Märzsonne zu schmelzen begannen und die ersten Vögel zurückkehrten, nahm der Glückliche wieder seine Arbeit auf. Er fuhr an drei Tagen in die Stadt, und wenn er abends nach Hause kam, immer ein wenig außer Atem und glücklich lächelnd, war es wie früher, es war, als sei es immer so gewesen. An den Tagen, an denen er nicht in die Stadt fuhr, saß er auf der Terrasse, hörte den Vögeln zu oder saß bei Franziska im Nähzimmer oder ging mit mir ein Stück das Tal hoch, wobei er meine Naturkenntnisse testete.

Dann, als das Gras sich unter dem Schnee streckte, nahm er Hut und Stock und stieg zum Wald hoch. Das war das erste Mal seit seiner Rückkehr, daß er allein in den Wald ging. Er blieb bis zum Mittag. Als er zurückkehrte, strahlte er wie ein Kind, das seine erste Entdeckungsreise gemacht hat.

Von da an nahm er wieder seine regelmäßigen Wanderungen über den Randen auf.

44

Als die Kirschbäume blühten, nahm uns der Bury, der zu einem Familienfest fuhr, in seiner Pferdekutsche zum Bodensee mit. Noch bevor die Sonne überm Randen aufstieg, fuhren wir los, auf dem Bock der Bury im feinen Gilet, ich durfte neben ihm sitzen. Hinter uns saßen Franziska und der Glückliche.

Das letzte Mal, daß wir in der Kutsche gesessen hatten, war am Maifeiertag gewesen, das war noch im Frieden. Wir waren über den Schweizer Randen nach Schaffhausen hinuntergefahren, hatten in der Gastwirtschaft am Alten Emmersberg zu Mittag gegessen, hatten anschließend den Munot besichtigt, und später hatte Franziska auf dem Festplatz am Hafen ein Los für eine Freifahrt den Rhein hinauf nach Paradies und Stein gewonnen. (Sie hatte Glück in solchen Dingen.) Aber weil wir nicht auf die Uhr geschaut hatten, kamen wir zu spät zum Schiff, das ohne uns abfuhr. Das Los aber hob Franziska auf. Doch der Sommer war noch nicht vorbei, da waren schon die Grenzen geschlossen, und Hitler marschierte in Polen ein, und also ward es nichts mit der Fahrt nach Paradies und Stein. Aber das Los, ein grünes, unscheinbares Kärtchen, lag lange Zeit griffbereit in der Kupferschale auf dem Büffet, in der auch die Briefe lagen.

Die Spatzen lärmten in den Bäumen. Ein Rudel Rotwild stand vor der Lichtung, und der Bury erzählte, wie ihm, als er noch jagte, ein Bock vor die Flinte gelaufen sei an einem Morgen wie diesem. Weil alles so friedlich gewesen sei, habe er den Bock laufen lassen, aber dann sei er dem gleichen Bock wieder begegnet. Wie er das Gewehr gehoben habe, habe er sich gedacht, wie jung der Bock noch sei und habe ihn erneut laufen lassen. Aber dann, und es sei kaum zu glauben, sei er dem gleichen Bock ein drittes Mal begegnet, und wie er geschossen habe, habe er es auch gleich bedauert, auch weil es so heiß gewesen sei und der Bock so schwer, und so habe er doch noch alles falsch gemacht.

Die Geschichten des Bury.

Der Glückliche schätzte den Bury wegen seiner Kenntnisse. Er hatte geglaubt, ihn für die Archäologie interessieren zu können, als dieser ihm beim Abtransport von Ausgrabungsgegenständen half. Aber der Bury hatte anderes im Sinn.

Als die Sonne überm Randen stand, fuhren wir bereits in den Hegau hinunter. Bei Thayngen, nahe der Grenze, hielten wir zum ersten Mal, um uns die Beine zu vertreten, und weil der Bury nach seinem Pferd schauen wollte und der Glückliche einen Blick über die Grenze werfen mußte, hinter der gleich das Keßlerloch, das Kerzenstübli und andere prähistorische Höhlen liegen, die die Schweizer Balmen nennen und die man in weniger als einer Stunde erreicht hätte, wenn nicht die Grenze gewesen wäre.

Wie wir dann durch Hilzingen fuhren, kam uns diese Panzerkolonne entgegen, und wir mußten auf einen Feldweg ausweichen, aber der Glückliche erklärte, daß ein Feldweg ohnehin schöner sei als die gewöhnliche Fahrstraße, und also blieben wir auf dem Feldweg, bis er zu Ende war. Dann stiegen wir aus, setzten uns unter einen Baum und machten Picknick.

Gegen Mittag ging es den Bodanrück hinauf und hinunter, und der Bury setzte uns vor der Mainau ab, und wir spazierten über den Damm, der die Insel mit dem Festland verbindet. Es waren viele Leute unterwegs an jenem Sonntag, ganze Familien, auch Soldaten auf Urlaub, mehrmals fuhren Schiffe die Insel an, und von der Höhe wehte die Fahne des Grafen von Bernadotte.

Wir besichtigten ausgiebig den Palmengarten, die Tulpenbeete und den Springbrunnen. Dann gingen wir zum Hafen hinunter, wo wir die ankommenden und abfahrenden Schiffe beobachteten, und wenn es nach Franziska gegangen wäre, hätten wir gleich eines der Schiffe nach Meersburg oder Überlingen bestiegen, aber so viel Zeit hatten wir nicht. Doch der Glückliche erklärte, daß noch ein langer Sommer vor uns liege und wir genug Gelegenheit haben würden, eine Schiffsreise zu machen und nicht nur nach Meersburg oder Überlingen.

Später saßen wir im Hof der Schloßschenke, und der Glückliche bestellte Wein und Kaffee und murmelte etwas von mittlerem Tertiär, in dem die Insel entstanden sei, und von einem römischen Kastell, das einmal hier gestanden habe, aber da fing ein Geiger im Parkhof an, ein paar Walzer zu spielen, wie man sie nicht alle Tage hört, und der Glückliche vergaß seine geschichtlichen Erläuterungen, legte den Arm um Franziska und schwieg.

Wenn ich mich an jenen Nachmittag auf der Insel erinnere, dann wegen der Langeweile: die Zeit schien stillzustehen. Und alles um uns herum erschien auf eine seltsame Weise unwirklich, wie auch jener Flieger, der plötzlich über der Insel auftauchte, scheinbar lautlos über das Schloß hinwegschwebte und einen schmalen Schatten warf. Und die Leute an den Tischen sahen auf den Schatten und lächelten, sie lächelten auch noch, als der Pilot über dem See eine Schleife zog und die Kokarde am Rumpf der Maschine deutlich sichtbar wurde.

Wir fuhren den gleichen Weg zurück, und während der Bury, der uns am Damm abgeholt hatte, vom Familienfest erzählte, dachte ich immerzu an den Flieger, der über die Insel geflogen war und den scheinbar keiner erkannt hatte, auch nicht der Glückliche, aber ich hatte die Kokarde gesehen, ich sehe sie heute noch, die blauweißroten Streifen mit dem gelben Ring in der Mitte. Vielleicht war es ein Aufklärer gewesen, der sich verirrt hatte, vielleicht hatte er sich auch nicht verirrt, hatte sich lustig gemacht über uns. Ich hatte vor, mit dem Glücklichen darüber zu sprechen, aber möglicherweise würde er mir nicht glauben, würde mich für verrückt erklären. Möglich, daß er doch alles mitbekommen hatte und es nicht wahrhaben wollte, so wie er alles nicht wahrhaben wollte, was nicht in seinen schönen Vorstellungen von der Welt Platz hatte. Vielleicht war es besser, Marius davon zu erzählen.

In Schlatt am Randenfuß kehrten wir ein. Es war eines von jenen Dorfwirtshäusern, in denen es immerzu nach Bier und kaltem Stumpen riecht und wo der Wirt das Bier noch selber anzapft. Wir waren die einzigen, die sich etwas zu essen bestellten, die anderen waren Einheimische, die tiefgebückt über dem Bierglas saßen und über irgendwelche Geheimnisse nachsannen.

Nach dem Essen steckte sich der Bury seinen Rößlistumpen an, und dies war der Augenblick, als er von Robert zu erzählen anfing, von dessen Frontauszeichnung, vom bevorstehenden Weihnachtsurlaub, vom Rückzug der Deutschen (was die Zeitungen eine Frontbegradigung zu nennen pflegten), vom bevorstehenden Friedensschluß, weil doch alles in der Welt einmal ein Ende haben müsse. Und Franziska, die sah, wie ihm zumute war, erklärte, daß auch sie an ein gutes Ende glaube und daß Robert bald zu Hause sein werde und daß man Geduld haben müsse, und sie sagte dies mit solcher Entschiedenheit, daß der Bury seinen Kopf immer ein Stückchen höher hob. Der Glückliche, der zu allem, was Franziska sagte, eifrig nickte, bestellte eine Runde doppelten Kirsch, obwohl er gar keinen Kirsch trinken durfte, und also trank man auf den Rückzug, den Frieden und Roberts glückliche Heimkehr.

Als wir die Kutsche bestiegen, fing es an zu dunkeln, und manchmal schaukelten Lichter vor uns hin und her, das waren die Laternen der Wagen, die in die Baar oder in den

Schwarzwald fuhren. Dann fielen mir die Augen zu, und wie ich wieder aufwachte, standen wir vor unserem Haus, und ich hörte den Glücklichen, wie er Franziska die Sternbilder am Nachthimmel erklärte.

45

Einmal gingen der Glückliche und ich den Randensteig nach Zollhaus hinunter. Durch den Wald zogen unaufhörlich Nebelschwaden, und es roch nach nassem Holz. Plötzlich tauchte am Weg ein Findling auf, den wir noch nie gesehen hatten, und wie wir noch den Findling betrachteten, hörten wir hinter uns Hufgetrappel, das begleitet war von einem seltsamen Geräusch, wie wenn Eisentöpfe aneinanderschlagen, und wie wir uns umdrehten, kam diese schwarze Zigeunerchaise aus der Kurve angeflogen, von unten bis oben bepackt mit Kesseln und Töpfen und allem möglichen Blechzeug, und vorne auf dem Bock saß ein junger schwarzgelockter Mann, daneben eine junge, lachende Frau. Dann war der Wagen in der nächsten Kurve schon wieder verschwunden, nur der Lärm war noch eine Weile durch den Wald zu hören. Der Glückliche schüttelte den Kopf und wunderte sich, wie man auf diesem engen, krummen Waldweg mit einer Chaise fahren konnte.

Wir gingen weiter, aber wir waren keine tausend Meter gegangen, da sahen wir die Chaise in einer Waldschneise stehen, versteckt hinter einer Baumgruppe, aber wir sahen sie doch, das Pferd ausgespannt, der Mann Holz zusammentragend. Von der Frau war nichts zu sehen.

Wir blieben stehen, sahen hinüber. Der Glückliche nickte.

»Eine kleine Stärkung, bevor man weiterzieht.«

»Aber vielleicht ziehen sie gar nicht weiter, vielleicht warten sie die Nacht ab.«

»Warten die Nacht ab?« wunderte sich der Glückliche, »warum sollten sie die Nacht abwarten?«

Ich wußte es auch nicht, doch hatte ich gehört, daß Durchreisende manchmal die Nacht im Wald abwarteten, bevor sie weiterfuhren.

»Vielleicht, daß sie über die Grenze wollen«, sagte ich und dachte, ich hätte etwas besonders Schlaues gesagt.

»Über die Grenze, wo hast du das her?«

»Und nachts kommt man leichter über die Grenze.«

Ich sagte nur, was jeder wußte.

Der Glückliche stand da und überlegte.

»Unsinn«, entschied er und ging weiter.

In Zollhaus suchten wir einen Bauern auf, der beim Pflügen angeblich irgendwelche wichtigen Steine in seinem Acker gefunden hatte. Aber als der Glückliche die Steine sah, lächelte er ein wenig gequält, nahm's als Scherz und sagte zu dem Bauern, daß er sowieso einmal wieder nach Zollhaus kommen wollte. Dann redeten sie über das Wetter und den feuchten Sommer, und in der Gastwirtschaft nebenan tranken wir einen Most, und der Glückliche wurde nicht müde, sich über die Freundlichkeit der Bauersleute auszulassen, die sich mit den Steinen diese Mühe gemacht hatten. Was mich betrifft, schien mir diese Lobhudelei doch ein wenig übertrieben. Wahrscheinlich hatte das der Bauer doch nur getan, um eine Fundprämie zu kassieren. Er war ja auch nicht sonderlich freundlich gewesen, nicht einmal einen Stuhl hatte er dem Glücklichen angeboten.

Kurz nachdem wir Zollhaus verlassen und auf den Wald zugehen, steht da, wie aus dem Boden geschossen, dieser Kradfahrer von der Feldpolizei, hat eine Zigarette im Mund und sieht zum Wald hinüber, ohne uns zu beachten. Wir gehen in den Wald hinein, in dem es noch nebliger ist als am Mittag, und der Glückliche beschleunigt seinen Schritt. Als wir auf der Höhe der Schneise ankommen, wo die Chaise noch zwei Stunden zuvor gestanden hatte, ist nichts mehr zu sehen, keine Chaise, kein Pferd, nichts.

Der Glückliche bleibt einen Augenblick nachdenklich stehen, blickt zurück zum Waldausgang, sieht auf die Schneise und erklärt, daß sie gewiß schon über alle Berge seien und daß es die beste Lösung für alle Beteiligten sei. Aber das scheint mir wieder übertrieben, weil man in so kurzer Zeit nicht über alle Berge sein kann, nicht mal über den Randen, aber ich glaube, er sagt das nur, um sich zu beruhigen.

Plötzlich ist es, als laufe irgendwo ein Motor. Dann schwillt das Geräusch an, als handle es sich um einen ganzen Pulk von Motoren, dann nimmt das Geräusch wieder ab und entfernt sich schließlich.

»Natürlich sind sie über alle Berge«, wiederholt der Glückliche in einem Ton, der keinen Widerspruch duldet, »befinden sich im Fützener Eck, im Bargener Winkel, was weiß ich.«

»Vielleicht sind sie auch nur tiefer in den Wald hinein.«

Der Glückliche überlegt.

»Natürlich sind sie tiefer in den Wald hinein, denn nirgends ist man sicherer als im Wald.«

Scheinbar überzeugt, daß es so und nicht anders ist, steigt der Glückliche, vor sich hinsummend, den Randenstein hinauf. Kurz bevor wir aus dem Wald treten, ist es, als streiche hinter uns der Lichtstrahl eines mächtigen Scheinwerfers über den Wald, aber vielleicht schien es auch nur so.

Franziska wartete schon mit dem Abendbrot.

»Ein Mißverständnis«, rief der Glückliche, »und dessentwegen irren wir durch diesen verrückten Wald.«

46

Was die Leute im Randendorf damals erregte, war jenes alte französische Sturmgewehr aus dem Siebzigerkrieg, das im Heu eines Bauern gefunden wurde und zu den schlimmsten Spekulationen Anlaß gab, weil keiner wußte, wie das französische Gewehr ins deutsche Heu geraten war, am wenigsten der Bauer, in dessen Heuschober es gefunden wurde. Der Bauer aber hatte einen Knecht, der war schon etwas älter und einfältig und kam aus dem Heckenstudenland. Der wußte auch nicht, wie das Sturmgewehr in den Heuschober geraten war, aber als er verhört wurde, stellte sich heraus, daß er ein paar Brocken Französisch verstand und einmal in der Pflegeanstalt Reichenau drei Tage lang den deutschen Gruß hatte hersagen müssen, so einer war der. Und wie noch der Bauer ein gutes Wort für seinen Knecht einlegte, weil der eine so gute und billige Arbeitskraft war, hatte man ihn schon abgeführt und mit ihm das Sturmgewehr, von dem Marius später behauptete, daß es gar kein französisches Sturmgewehr gewesen sein, sondern ein preußisches aus dem Sechsundsechzigerkrieg. Aber da war der Fall schon abgeschlossen, und der Knecht kam ins Arbeitslager und das Sturmgewehr in die Remontieranstalt.

Als der Glückliche von der Sache Wind bekam, wollte er's nicht glauben.

»Absolut schändlich«, rief er und steckte seine Nase noch tiefer in seine Fundberichte.

Doch am andern Morgen machte er sich auf den Weg ins Dorf hinauf.

Der Bürgermeister, ein umgänglicher und vorsichtiger Mann, bedauerte, daß er dem Herrn Major nicht helfen konnte, verwies ihn aber an den Polizeikommandanten in Eschingen. Und so kam es, daß der Glückliche nach kurzer Überlegung mit dem Postbus nach Eschingen zur Kommandantur auf die Baar fuhr, wo er auch gleich von einem untergeordneten Chargen in Empfang genommen wurde. Doch der Glückliche bestand darauf, mit dem Kommandanten selbst zu sprechen, schließlich handle es sich um eine viel zu wichtige Angelegenheit, bei der zudem Ehre und Ansehen der Ordnungskräfte auf dem Spiele stünden, eine Bemerkung, die, so stelle ich mir vor, bei dem Beamten nicht mehr als ein höhnisches Lächeln hervorgerufen haben dürfte.

Tatsächlich wurde er im Lauf des Vormittags vorgelassen, und das war erstaunlich genug. Aber noch erstaunlicher war die Zuvorkommenheit, mit der er empfangen wurde: der Kommandant, so der Glückliche später, der unter der Tür steht, um den Glücklichen zu begrüßen und um sich mit ihm über die strategische Bedeutung der Ardennen zu unterhalten und um dann gewisse Mißverständnisse anzudeuten, die in einer Situation wie dieser verständlich wären; er, der Kommandant, werde sich jedenfalls um die Sache kümmern.

Womit die Audienz beendet war.

Als der Glückliche am späten Mittag zu Hause ankam, schien sich sein Vertrauen in die Menschheit im allgemeinen und in die Ordnungsorgane im besonderen wieder gefestigt zu haben. Bis vielleicht eine Woche darauf dieses Schreiben mit dem Stempel der Kommandantur ins Haus flatterte, das nichts anderes war als eine Vorladung.

Diesmal ließ man ihn ein wenig länger warten, und als er schließlich ins Zimmer des Kommandanten eingelassen wurde, saß dort einer, der sich als Regierungsrat vorstellte und, tief über eine Akte gebeugt, dem Glücklichen seine Fragen stellte, ohne ihn anzusehen, während der Kommandant in seinem Sessel saß und eine Zigarre rauchte.

Und so erfuhr der Glückliche, daß es eine Akte von ihm gab.

Dieser Tatbestand muß ihn so beschäftigt haben, daß er auf die Fragen, die der Beamte ihm stellte, nicht allzusehr zu achten schien, denn er konnte später nicht exakt sagen, was für Fragen ihm gestellt worden waren. Aber vielleicht wollte er auch gar nicht, vielleicht hatte er schon alles verdrängt, vergessen.

»Das nächste Mal wollen wir uns dann wieder über die Ardennen unterhalten statt über solche dummen Routinesachen«, soll der Kommandant dem Glücklichen gesagt haben, als er ihn zur Tür begleitete.

Das war alles, woran sich der Glückliche erinnerte.

Er glaubte eben alles verdrängen zu können. Fast alles.

Statt dem Abendessen trank er zwei Schnäpse, rauchte eine Zigarette (obwohl er nicht rauchen sollte), saß auf der Terrasse und zählte die Sterne.

47

Der Sommer ging, der Herbst kam und ging, und die Sonne verschwand hinter einem Meer von kalten Wolken. Aber es fiel kein Schnee, und auch dies nahm der Glückliche als gutes Zeichen.

Der Alte und Tante Ottilie waren diesmal einen Tag früher gekommen. Während Franziska und Tante Ottilie den Weihnachtsbraten herrichteten, unterhielten sich der Glückliche und der Alte über den Luftkrieg draußen im Reich, und ich spitzte die Ohren, als sie dann auf die neuen, ferngelenkten Wunderwaffen zu sprechen kamen, von denen man so viel hörte und von denen keiner was Genaues wußte. Auch in der Schule sprach man davon. Einer der Lehrer hatte erklärt, solange die Wunderwaffen nicht zum Einsatz kämen, wäre überhaupt noch nichts entschieden. Und Marius, den ich danach fragte, hatte etwas von einer M 262 gemurmelt, von Bodenluftraketen, die die feindlichen Stellungen in Nullkommanichts niederlegten, von ferngesteuerten Bodenschwingungen, die ganze Städte wie London oder New York in den Himmel hoben, aber mehr wußte auch er nicht. Und Tante Ottilie meinte, man müsse eben noch etwas Geduld haben, so, als handle es sich um eine bevorstehende Weihnachtsbescherung.

Wie immer schaute sich der Alte im Haus um, hörte im Radio die Frontnachrichten und hob von Zeit zu Zeit den Kopf, als horche er nach irgendwelchen geheimnisvollen Tönen in der Luft, und am Abend fing er an, sentimental zu werden. Mit glänzenden Augen erzählte er von der ersten Landung einer Dornier auf dem alten Exerzierplatz des Infanterieregiments, von der Einweihung des Bismarckturms über der Stadt, an der er als junger Mann selbst tatkräftig mitgewirkt hatte, schwärmte von der Parade der Leibgrenadiere am Geburtstag des Großherzogs und erinnerte sich an die Begegnung mit dem Großadmiral Tirpitz, als dieser anläßlich der Gründung der Vaterländischen Partei der Stadt einen Besuch abstattete, vergaß auch nicht, des Besuches von Hindenburg zu gedenken, des vielleicht größten Deutschen neben Bismarck und Friedrich dem Großen. Wenn man den Alten so reden hörte, hätte man meinen können, daß fast alle großen Deutschen der Stadt ihre Reverenz erwiesen hätten.

Am letzten Tag des alten Jahres machten wir einen Spaziergang ins Nachbardorf. Es wurde beschlossen, in der »Sonne« einzukehren, weil es dort nach Meinung des Alten den besten Ochsenmaulsalat auf dem ganzen Randen gab, und also kehrten wir in der »Sonne« ein, obwohl sich außer dem Alten niemand für Ochsenmaulsalat interessierte.

Wie wir hinkamen, war der Gasthof voller Menschen, nichts als Lärm und Rauch, und als wir uns gerade in einer Ecke des Gastraums niedergelassen hatten, hörte man Klatschen, das kam vom Nebenzimmer.

Das Serviermädchen erklärte uns, daß der Sohn des Alexius Hug, des Holzhauers vom Schmelztobel, geehrt werde, und die zwei Jungbauern, die, den Randenhut im Genick, am Nebentisch saßen und wie zwei Brüder aussahen, nickten eifrig mit dem Kopf, und als das Mädchen erklärte, daß gerade der Herr Bürgermeister am Reden sei, nickten die beiden wieder, so, als sei es etwas Besonderes, wenn der Bürgermeister eine Rede hielt. Aber der Alte erklärte unwirsch, er sei nicht gekommen, um sich irgendwelche Reden anzuhören, auch nicht die vom Bürgermeister, und bestellte unser Essen.

Die Stimme des Bürgermeisters war jetzt deutlich zu hören, und die beiden Bauern nickten unentwegt mit dem Kopf, weil der Sohn des Alexius Hug ein Schulfreund war und erst dreiundzwanzig und schon ein Held.

Kurz darauf, wir warteten noch auf das Essen, war eine andere Stimme im Nebenraum zu hören, und einer der Brüder erklärte, das sei der Ortsgruppenleiter, der könne aber nicht so gut reden wie der Bürgermeister, obwohl er auf der Parteischule gewesen sei. Und also hörten wir den Ortsgruppenleiter, und der Ortsgruppenleiter hatte eine Stimme wie Marius, nur sprach er schneller. Als das Mädchen mit dem Essen kam, war der Ortsgruppenleiter auch schon am Ende seiner Rede angelangt, und das Mädchen sagte, wir sollten uns beim Essen ja nicht stören lassen, aber Tante Ottilie erklärte, daß es sie nicht störe, wenn vaterländische Reden gehalten würden, aber der Alte brummelte etwas von Affentheater, bevor er sich über seinen Ochsenmaulsalat hermachte.

Die Brüder, die uns nicht aus den Augen ließen, erklärten mit einer Stimme, daß das, was der Sohn des Alexius Hug getan habe, noch einmal in die Weltgeschichte eingehe, und auch der Herr Pfarrer habe es in seiner Gedenkpredigt gesagt. Als Franziska wissen wollte, was er denn getan habe, daß der Pfarrer sogar eine Gedenkpredigt halte, beugte sich einer der Brüder ein wenig zu unserem Tisch vor und erwiderte, daß der nichts anderes getan habe, als einen russischen Angriff, den der große Marschall Schukow selbst geleitet habe, ganz allein mit seinem MG, taktaktak, abzuwehren und auf dem Feld der Ehre lauter tote Iwans. So einer sei der Sohn des Alexius Hug, erst dreiundzwanzig und schon in die Weltgeschichte eingegangen. Und während er sich zurückbeugte und nach seinem Bierglas langte, starrte Franziska auf ihr Essen, als habe sie schon gegessen. Dann wieder dieses Klatschen von nebenan, wie Gewehrsalven, Hochrufe, Stühlerücken, das Deutschlandlied, ein dreifaches Siegheil, und die Tür zum Nebenzimmer wurde geöffnet, und ein Haufen ernstblickender, schwarzgekleideter Gestalten drängte vom Nebenzimmer in den Gastraum.

Ich erinnere mich, wie ich vergeblich nach diesem einen Ausschau hielt, der mit dreiundzwanzig schon ein Held war, gefeiert und geehrt, weil er einen russischen Angriff allein abgewehrt hatte. Denn ich hielt Ausschau nach einem Toten.

48

Zu Beginn des Jahres kam ein Zug mit ausgebombten Kindern aus dem Reich, die wurden auf die Bauernhöfe verteilt, damit sie sich sattessen konnten. Sie erzählten von Bombengeschwadern, die über die Städte flogen, erzählten von brennenden Häusern und vom Leben im Luftschutzkeller, und es war nicht sicher, ob man ihnen glauben konnte. Aber einer von unseren Lehrern sagte, daß es bei einem einzigen Luftangriff auf die Hauptstadt über 25 000 Tote gegeben habe – das waren mehr Menschen, als auf dem ganzen Randen lebten. Bald darauf wurde er eingezogen, obwohl er zu den christlichen Brüdern der Endzeit gehörte, die keine Waffe in die Hand nehmen durften.

Fast alle jüngeren Lehrer wurden jetzt eingezogen. Zurück blieben die Alten, Pensionäre, Veteranen, Invaliden, bei denen nur die Stimme jung wirkte, wenn sie von Verdun und Tannenberg und Tarnopol erzählten, wo sie angeblich dabeigewesen waren, oder wenn sie die Schlacht am Donbogen oder auf dem Monte Cassino analysierten, wo sie nicht dabei waren, weil die gerade stattfand. Manchmal sprachen sie auch von Schicksalsgemeinschaft oder vom drohenden Untergang des Abendlandes, da klangen ihre Stimmen nicht mehr so jugendlich.

Manche Lehrer sprachen überhaupt nicht vom Krieg, so, als gebe es ihn nicht oder als sei er schon vorbei. Sie sprachen über das Wachstum der Tomate oder über die Sätze des Euklid, und unserem Geschichtslehrer konnte es passieren, daß ihm während der Beschreibung des Kampfes zwischen Staufern und Welfen die Stirnadern anschwollen, so sehr erregte ihn noch immer dieses Ereignis, das doch schon eine Weile zurücklag.

Die Bauern hatten andere Sorgen. Immerzu blickten sie zum Himmel hoch, weil sie auf Schnee warteten und weil die Feldmäuse in ihre schneefreien Getreidefelder einbrachen und die Wintersaat auffraßen. Der Bury sagte, daß er sich an keine solche Mäuseplage erinnere. Einmal rückte ein Bataillon mit Gasgewehren unter der Führung des Randenhof-Wirts und Bauernführers aus, der jetzt allen Randenmäusen den Krieg erklärt hatte. Aber es waren zu viele Mäuse, und sie saßen zu tief unter der Erde; selbst vom Pfarrer einberufene Bittgottesdienste halfen da wenig.

Einmal auf dem Heimweg von der Schule sah ich Marius, der immer noch auf seinen Fronteinsatz wartete, bei einem Bauern im Feld stehen. Als ich näherkam, sah ich die beiden in ein Loch blicken, in dem lag eine englische Fliegerbombe, die direkt über dem Feld des Bauern niedergegangen war. Der Bauer starrte ungläubig in das Loch, dann auf Marius, als habe der ihm die Bombe hineingelegt, und auf einmal fing der an zu schreien, daß er doch gar nichts mit diesem verrotzten Krieg zu tun habe und auch nichts mit diesem Bastard, der den Krieg verschuldet habe, er habe ja nicht mal die Partei gewählt, weil er doch gewußt habe, wohin das führe, schrie da herum, wurde plötzlich mucksmäuschenstill, blickte auf Marius, dann auf mich, bekreuzigte sich und stapfte durchs Feld auf sein Haus zu, und Marius betrachtete das Loch, in dem noch immer die Bombe lag und die nicht viel größer war als eine ausgewachsene Rübe, und machte sich an die Arbeit.

Um diese Zeit muß es gewesen sein, daß der Glückliche den Oberkonservator vom Bodendenkmalschutz mitbrachte, um diesem irgendeine Fundstelle zu zeigen, die dem Glücklichen wichtig war, und um sich dessen Unterstützung bei den Grabungsarbeiten zu sichern, und der Konservator, ein kleiner, dümmlich vor sich hinlächelnder Mann, blieb wie angewurzelt am Kaffeetisch sitzen, lobte Franziskas Tee, betrachtete aufmerksam ihre Hände und wollte wissen, ob es immer so still hier sei. Dann warf er einen Blick auf die Grabungspläne des Glücklichen, ließ sich noch ein Stück vom Kuchen geben, lobte auch diesen ausgiebig, beobachtete die Zappeluhr auf dem Buffet, bis sein Blick wieder auf Franziskas Hände fiel, und fragte Franziska, wie sie es in dieser Einsamkeit nur aushalten könne. Er schien sich für alles zu interessieren, nur nicht für die Grabungspläne des Glücklichen.

Das ging so eine Weile, bis dem Glücklichen der Kragen platzte und er aufstand und zur Terrasse hinaustrat und dort so lange verharrte, bis der Konservator endlich seinen Tee austrank, sich vor Franziska verbeugte, dabei irgend etwas von einer germanischen Frühlingsgöttin faselte, und, den rechten Arm zum Führergruß erhoben, zur Tür schritt.

Es war eine sehr komische Szene, und ich stellte mir vor, daß es so ähnlich im Theater zuging.

»Zumindest zur Tür hättest du ihn begleiten können«, meinte Franziska, »immerhin ist er eine Art Vorgesetzter für dich, oder etwa nicht?«

Der Glückliche trat ins Zimmer.

»Ein Mißverständnis«, brummte er, »ein böses Mißverständnis, es soll nicht wieder vorkommen.«

»Ein Mißverständnis?«

Der Glückliche lächelte grimmig.

»Ich hätte es besser wissen müssen, aber was kann man von einem Beamten schon erwarten!«

Er hatte was gegen Beamte.

»Aber er ist nicht ganz unwichtig und hat etwas zu sagen«, entgegnete Franziska.

Sie dachte immer noch an die Versetzung in die Stadt.

Der Glückliche nickte.

»Er ist für gewisse Projekte zuständig, aber nicht für Versetzungen.«

Franziska betrachtete nachdenklich den Glücklichen.

»Wie du meinst«, sagte sie schließlich und räumte den Tisch ab, »vielleicht wäre es manchmal klüger, den Leuten nicht so deutlich zu zeigen, was man von ihnen denkt.«

49

Als die Anemonen in den Wäldern blühten, geschah es, daß jener Schweinezüchter, den sie den Russ nannten, in die Gegend kam, der stammte von der unteren Baar und war ein Riese mit feuerrotem Bart und hohen Schaftstiefeln. Er war Waldhüter in den fürstenbergischen Wäldern gewesen und Steinbrecher im Doggerwerk, bis er das Blutbrechen bekam, war dann Beizer und Pferdehändler und Notschlächter bei den kleinen Bauern, bis er mit diesem Monstrum von Eber auftauchte, den er Moses rief. Moses hatte gewaltige Hauer und war furchterregend anzusehen. Der Russ führte ihn am Seil durch die Dörfer und pries lauthals den kräftigen Samen. Aber die meisten Bauern schienen eher Angst um ihre Sau zu haben, öffneten auch nicht ihre Ställe, was den Schweinezüchter so wütend machte, daß er beleidigend und sogar gewalttätig wurde, so daß er in einigen Dörfern angeblich keinen Einlaß fand.

Dieser seltsame Mensch, der jedes Jahr um die Zeit mit seinem Zuchteber über den Randen zog, war an einem Mittag ins Randendorf gekommen, da standen die Leute schon vor ihren Häusern, denn keiner wollte sich das Schauspiel entgehen lassen, wenn der Russ mit seinem Rieseneber am Seil durchs Dorf zog. Der Schweinezüchter hielt wie üblich vor dem »Hohen Randen«, band seinen Eber an einem der Pferdehaken fest und verschwand in der Wirtschaft, und draußen standen die Jungen, neckten und lockten Moses, der müde in die Frühlingssonne blinzelte.

Da geschah es, daß der rote Hodel den Zuchteber mit einer Speckschwarte zu reizen begann, indem er ihm diese vors Maul hielt, und der Eber, der gerade noch so friedlich dagesessen hatte, wurde unruhig, streckte sich, um an der Speckschwarte zu schnuppern, aber die Speckschwarte erreichte er nicht, weil der Hodel immer einen Schritt zurückging und der Eber ihm nicht folgen konnte, weil er am Haken hing. Irgendwann einmal mußte der Eber die Geduld verloren haben, denn er zerrte so gewaltig am Haken, daß das Seil riß, mit dem er an diesem angebunden war. Da ich auf der anderen Seite der Straße stand, konnte ich den Eber erst sehen, als das Gerenne losging, doch der Hodel stand da wie angewurzelt, und auch der Eber rührte sich nicht, und so standen sich die beiden eine Weile gegenüber, bis es dem Eber zu dumm wurde und er einen Anlauf nahm, den Hodel über den Haufen rannte und die Dorfstraße hinuntergaloppierte, wo er dann in einer der Nebengassen verschwand, während der rote Hodel auf der Straße lag und sich nicht rührte.

Kurz darauf stürzte der Russ aus der Wirtschaft, sah die Bescherung und rannte zusammen mit dem Fuhrknecht, laut nach Moses brüllend, die Straße hinunter, und natürlich war's ein Mordsspaß für alle, die dabei waren, aber dann lag der rote Hodel noch immer auf der Straße, ohne daß er sich rührte. Endlich trat jemand zu ihm, drehte ihn um, schüttelte den Kopf, rief nach dem Doktor, während ein anderer nach dem Pfarrer rief, und wer einen Hut aufhatte, nahm seinen Hut ab, und es wurde auf einmal seltsam still. In diese Stille hinein trat der Doktor, der zufällig von einem Hausbesuch vorbeikam. Er blieb vor dem Hodel stehen, die Zigarre in der Hand, in der andern die schwarze Tasche, sah auf ihn herab wie auf einen Haufen Abfall. Dann stieß er ihn kräftig mit dem Fuß an, und der Hodel sprang mit einem Satz auf, rannte johlend davon, und die Leute auf der Straße sahen sich an, und die Männer setzten wieder ihre Hüte auf, während der Doktor sich knurrend entfernte.

In dem Augenblick kam der Russ auf der Suche nach dem Eber mit dem Fuhrknecht die Straße herauf, als plötzlich die Stimme des Gendarmen, des alten Hodel, über den Platz donnerte, daß dies kein genehmigter Volksauflauf sei und daß dieser sofort zu unterbleiben habe und daß der Russ als Anstifter des Aufruhrs mit seinem Moses sofort das Dorf zu verlassen habe. Aber das war leicht gesagt, denn zuerst mußte der Eber gefunden werden. Der Russ schrie, daß er das Dorf niemals ohne seinen Moses verlassen werde, und also wurde jetzt in allen Vorder- und Hintergassen gesucht, und es schien, als beteiligte sich jeder im Dorf an der Suche, nicht so sehr aus Mitleid mit dem Russ, sondern weil man gerade nichts Besseres zu tun hatte oder weil man den Russ mit seinem Eber loswerden wollte. Schließlich entdeckte man den Eber im Kräutergarten der beiden barmherzigen Schwestern, wo er sich ohne Widerstand festnehmen ließ.

Laut fluchend zog der Russ mit seinem Moses am Seil zum Dorf hinaus, begleitet vom alten Hodel und ein paar von den Jungen, während der rote Hodel nirgends zu sehen war. Am Ausgang des Dorfes, gleich vor dem Kamm, blieb der Gendarm stehen und wartete, bis von dem Schweinezüchter und seinem Eber nichts mehr zu sehen war.

50

Seit es dem Glücklichen besser ging, ließ sich der Doktor weniger oft blicken, und wenn er kam, blieb er meist nicht lange, und die Schnäpse trank er im Stehen, wie an jenem Abend, an dem er nach dem dritten oder vierten Schnaps den Glücklichen fragte, ob er einen Patienten im Haus unterbringen könne. Der Glückliche, der nicht gleich verstand, blickte diesen erstaunt an, bis dieser die Frage wiederholte und hinzufügte, daß der Patient hier sicherer untergebracht sei als bei ihm, und der Glückliche beobachtete den Doktor einen Augenblick lang, dann warf er einen Blick auf Franziska und rief:

»Dann schicken Sie nur Ihren Patienten, auf daß wir ihm einen würdigen Empfang bereiten!«

Stunden später, als es dunkelte, fuhr der Bury mit seinem Heuwagen vor, und auf ein Zeichen kroch ein etwas schmächtiger Mann aus dem Heu, der war vielleicht so alt wie Marius und trug einen Verband um den Kopf, und der Bury führte ihn ins Haus, und im Flurlicht sah man, wie schlecht er aussah: er war wirklich ein Patient.

Später kam der Doktor vorbei, um die Kopfwunde auszuwaschen und um einen neuen Verband anzulegen. Da lag ich schon im Bett, aber ich bekam doch alles mit, was im Hause vor sich ging. Ich traute der Angelegenheit nicht, vor allem traute ich dem Doktor nicht. Der heimliche Transport des Fremden, der späte Besuch des Doktors und das Geflüster im Flur, das besorgte Gesicht von Franziska, das alles irritierte mich.

Als ich am andern Morgen beim Frühstück saß, war es, als sei nichts gewesen. Der Glückliche war bereits auf dem Weg zum Bahnhof, und Franziska tat, als wüßte sie nichts von jenem Patienten, der unten im Zimmer des Alten schlief.

Auf dem Weg zur Schule beschloß ich, der Sache nachzugehen, aber als ich am Mittag nach Hause kam, war der Doktor da; ich traute mich nicht, ihn zu fragen.

Der Doktor hatte bestimmt, daß der Patient weder Haus noch Zimmer verlassen durfte. Franziska brachte ihm das Essen ins Zimmer.

Wer war der fremde Patient?

Am Abend, als der Glückliche aus der Stadt zurück war und wir beim Abendbrot saßen, war es wie immer: Der Glückliche redete über alles mögliche, nur nicht über das, was ich wissen wollte, bis Franziska sagte:

»Wollen wir ihn nicht wenigstens zum Abendessen heraufholen?«

Aber der Glückliche wollte nicht über den Kopf des Doktors hinweg entscheiden. Er werde diesen Punkt aber mit dem Doktor besprechen. Was es denn da zu besprechen gebe, wollte Franziska wissen. Als ich wissen wollte, wer der Patient denn sei, hielt der Glückliche einen Augenblick beim Essen inne, überlegte und aß weiter.

Aber später auf der Terrasse erzählte er, daß er Marek heiße und nicht mehr an seinen Arbeitsplatz zurückgekehrt sei und sich statt dessen nach Neuhaus aufgemacht habe, wo er von einem Grenzbeamten angeschossen worden sei. Er habe ins Dorf entkommen können, wo ihm der Doktor zwar einen Verband anlegen, ihn aber nicht bei sich aufnehmen konnte, weil der Flüchtige im Dorf beobachtet worden sei.

Das erzählte mir der Glückliche ohne Umschweife, weil er wohl meinte, daß ich alt genug sei, um einen Vorgang wie diesen richtig einzuschätzen. Die Wahrheit ist, daß mich das Gehörte gehörig durcheinanderbrachte: Wir hatten einen flüchtigen Fremdarbeiter im Haus, und jeder wußte, was dies bedeutete.

Ich fand es verrückt. Und ich war hingerissen. Hingerissen von einer Geschichte, die ich so oder ähnlich nur aus Büchern kannte – Flucht, Verfolgung, Rettung –, und während der Glückliche die Aufnahme des Flüchtigen möglicherweise als kleinen Beitrag zur allgemeinen Humanisierung der in Not geratenen Welt ansah, war es für mich nichts anderes als ein aufregendes Abenteuer, und schnell vergaß ich alles, was uns in der Schule über Kriegsgefangene, Flüchtige, Fremdarbeiter usw. gesagt worden war.

Nur Franziska schien sich Sorgen zu machen: Sie wußte nicht, was sie Julia, die bei Verwandten zu Besuch war, erzählen sollte, wenn sie zurückkehrte.

Am Morgen darauf, bevor ich zur Schule ging, ging ich aus Neugier an Mareks Zimmer vorbei, und ich hörte ihn singen, hinauf und hinunter ging die Melodie mit langgezogenen Tönen, und ich dachte, daß es ein trauriges Lied sein mußte, dann hörte man den Pfiff der Lokomotive hinterm Wald, und die Stimme verstummte, und es wurde still hinter der Tür.

Als ich zur Schule fuhr, überlegte ich, was er wohl den ganzen Tag in seinem Zimmer machte. Vielleicht sang er, vielleicht saß er auch nur da, um auf den Pfiff der Lokomotive zu warten.

An jenem Tag kam ich erst spät von der Schule nach Hause, und wie ich ins Zimmer trat, saßen sie schon am

Tisch, Franziska, der Glückliche, Marek, unser Patient – ein ungewohnter Anblick.

Es war ein schweigsames Abendessen, denn keiner verstand den andern. Einmal muß es der Glückliche vergessen haben, denn nach dem Essen setzte er zu einer Art Rede an, bis er merkte, wie absurd es war, und er lächelte und schwieg. Wir selbst sprachen wenig miteinander, damit Marek nicht den Eindruck bekäme, wir sprächen über ihn. Ich beobachtete ihn. Seine Augen, die aufmerksam über den Tisch und durch das Zimmer wanderten. Die Blässe war aus seinem Gesicht verschwunden, und der Turban gab ihm ein verwegenes Aussehen. Als er vom Tisch aufstand, sah ich, wie schmächtig er war.

Tags darauf kehrte Julia von ihrem Verwandtenbesuch zurück, und Franziska ging zu ihr ins Dorf hinauf, um ihr den Besuch ihres Vaters, des Alten, anzukündigen, was gelogen war, aber das einzige Mittel, um Julia abzuhalten, ins Haus zu kommen. Julia fürchtete den Alten. Wann immer er zu Besuch war, war sie unter irgendeinem Vorwand dem Haus ferngeblieben, und tatsächlich erklärte sie sich auch gleich für unpäßlich. Was aber, wenn Marek länger blieb, und Julia plötzlich unter der Tür stand? Konnte man ihr trauen?

Einmal zeigte ich Marek meine Steine und Fossilien, Ammoniten und eine versteinerte Seelilie, die ich auf dem Klopfplatz am Eichberg gefunden hatte, aber sie interessierten ihn nicht sonderlich. Vielleicht hätten ihn meine Bücher mehr interessiert, aber er konnte sie nicht lesen.

Ich erinnere mich, wie der Glückliche ihm ein Buch aus der Stadt mitbrachte, das hatte er im Antiquariat aufgetrieben, ein dünnes Bändchen mit einem lädierten Einband. Aber es war ein Buch in seiner Sprache, und voller Stolz legte es ihm der Glückliche auf den Tisch neben seinen Teller, und wir beobachteten ihn, wie er es in die Hand nahm, aufschlug, uns plötzlich mißtrauisch ansah, dann wieder in das Büchlein schaute, um es schließlich kurzentschlossen zur Seite zu legen. Während des Essens schien er weit weg zu sein. Er ging auch gleich nach dem Essen, das Buch ließ er liegen. Erst Jahre später erfuhren wir durch einen Besucher, der in Polen Soldat gewesen war, um was für eine Art von Buch es sich da gehandelt hatte, das der Glückliche Marek neben seinen Teller gelegt und das dieser nicht angenommen hatte: ein Instruktionsbüchlein für Widerstandskämpfer, das man bei einem polnischen Partisanen gefunden hatte.

Was Marek am meisten zu beschäftigen schien, waren die Züge, die achtmal am Tag an unserem Haus vorbeifuhren, und die Musik auf Franziskas Grammophon.

Als einmal das Grammophon lief, hörten wir ihn in die Musik hinein ein Wort sagen. Es mußte ein wichtiges Wort gewesen sein, denn er sah uns dabei gespannt an, dann lächelte er ein wenig verlegen, weil er etwas gesagt hatte, was wir nicht verstehen konnten und nie verstehen würden.

Eines Abends kam der Doktor – ich lag schon im Bett – und wieder dieses Getue und Geflüster, und wie ich in der Frühe aufwachte, hatte der Bury Marek geholt. Ich hatte nichts gehört, keine Stimmen, keine Schritte, nicht mal den davonfahrenden Wagen.

Ich habe Marek nicht wiedergesehen. Seine wachen, wandernden Augen, der mächtige Turban, ein paar Töne, die hinauf und hinunter gehen, das ist alles, was mir von ihm geblieben ist.

Wohin ihn der Bury in jener Nacht gefahren hat, bleibt sein Geheimnis. Und das des Doktors. Wie weit der Glückliche eingeweiht war, weiß ich nicht; über nichtssagende Andeutungen ging er nie hinaus.

51

Der Bury hatte als junger Mann einige Jahre bei den badischen Leibgrenadieren gedient, und später kam er als Offiziersbursche sogar nach Berlin, wo er, weil er so groß war, im Hoftheater auftreten und die Worte »Genug, genug« ausrufen durfte. Nach Ablauf seiner Militärzeit kehrte er auf den Randen zurück und heiratete, dann kam Robert, dann der zweite Sohn, der seiner Frau das Leben kostete. Dieser Zweitsohn war von dunklem Gemüt, und der Bury brachte ihn auf die Reichenau und später nach Schaffhausen zu den Barmherzigen Schwestern, da war er schon ausgewachsen und hilflos wie ein Kind.

Der Bury sprach nie von ihm. Er sah ihn auch nicht. Es schien, als verzeihe er ihm nicht, daß er ihm die Frau genommen hatte, die einzige in seinem Leben (das jedenfalls behauptete Julia). Er sprach immer nur von Robert, der mir in der Erinnerung wie ein Glückskind erscheint, ein Leichtfuß, dem alles zu gelingen schien, beinahe alles: er war einer der ersten, die man vor dem Rußlandfeldzug einzog, obwohl er der einzige arbeitsfähige Sohn des Bury war. Vielleicht wollten sie es ihm heimzahlen, daß der Bury den andern Sohn noch rechtzeitig in Sicherheit gebracht hatte vor jenen, die so gern vom unwerten Leben sprachen. Robert aber, strahlend wie der junge Siegfried, zog in Hitlers Krieg.

Ich glaube, daß der Bury nur Roberts wegen die Frontberichte im Radio hörte. Dann legte er den Kopf schräg und dachte wohl darüber nach, welche Folgen das Gehörte für Robert haben mochte. Das Radio, ein riesiger, schwarzer Kasten, gleich neben der Tür, schien das wichtigste Möbelstück in der Wohnstube zu sein.

Eines Abends, es war schon weit im Sommer, saß ich bei ihm in der Stube und hörte Radio, als plötzlich diese Fanfare ertönte, die wie immer eine Sondermeldung ankündigte, vielleicht einen Sieg, aber diesmal verkündete die Stimme, daß die göttliche Vorsehung ein zweites Mal dem deutschen Volk seinen Führer geschenkt habe, den eine aristokratische Clique ermorden wollte. Und während die Stimme im Radio von Verschwörung und Schuld und Abrechnung sprach, blickte der Bury unverwandt auf diesen riesigen schwarzen Kasten, als lese er an ihm die Bedeutung ab, die der Vorfall für das weitere Schicksal seines Sohnes haben mochte.

Überall wurden Freuden- und Treuekundgebungen für den Führer abgehalten, nicht nur draußen im Reich, und in der Schule verriet uns der Geschichtslehrer, daß ein Attentat manchmal wie eine Auszeichnung vor der Welt sei, und so schändlich es auch sei, so habe es auch sein Gutes: Das Volk würde sich nur noch enger um seinen Führer scharen.

Und also scharte sich das Volk noch enger um Hitler, und der Krieg wurde jetzt zum heiligen Volkskrieg erklärt und der noch ausstehende Sieg zum totalen, absoluten und endgültigen Endsieg.

Der Bury wußte zu alledem wenig zu sagen. Eigentlich gar nichts. Wenn er etwas sagte, betraf es die Ernte.

Oder Robert.

52

Der Glückliche fuhr jetzt wieder täglich in die Stadt zur Arbeit. Es ging ihm nicht schlecht, seine Anfälle traten immer seltener auf, und wenn sie auftraten, waren sie kürzer, schienen auch weniger schmerzhaft zu sein.

Und der alte Unternehmungsgeist erwachte in ihm.

Der nahm zu, als er mit einem ganz gewöhnlich aussehenden, dreieckig geformten Silexstein nach Hause kam, den er irgendwo in der Nähe gefunden hatte. Er holte eine leere Zigarrenschachtel und durchsägte sie mit dem Stein, als wäre der Stein ein Messer, und der Glückliche setzte seine Amtsmiene auf und legte mir den Stein so in die Hand, als handle es sich um ein vorgefertigtes Werkzeug mit Griff und Schneidekante, und ich legte den Stein ans Holz und sägte. Man konnte mit dem Stein auch schneiden und stechen und bohren, eine Art Universalwerkzeug.

Aber wer hatte den Stein zugerichtet?

Der Glückliche wog den Stein in der Hand und tat, als müsse er nachdenken.

Primitiver geht's nicht, so der Glückliche, und also mußte es sehr weit zurückliegen, weiter vielleicht als alles, was er bisher in der Hand gehabt hatte.

In jenen Spätsommertagen war er von morgens bis abends unterwegs, den Blick auf den Boden gerichtet, der in seinen Augen einer Schiefertafel glich, die immer neu beschrieben wird, und wenn er nach Hause kam, war es spät am Abend, und er roch nach Erde, Schlucht und Stein. Dann beobachtete ihn Franziska mit wachsender Unruhe, hörte sich seine Geschichten an, ohne ihn zu unterbrechen, räumte schweigend das Geschirr vom Tisch.

Ich erinnere mich gut an jene Sonntagswanderung durch das Rohrental oberhalb der Biber, an den Aufstieg durch das schmale Felstal, und wie der Glückliche plötzlich in einer Felsspalte verschwand und wie er wieder über einem Felsen auftauchte und uns herbeiwinkte und wie wir schließlich vor diesem verwitterten Felsen standen und auf das Relief starrten und doch nichts sahen und wie der Glückliche mit der Taschenlampe das Relief ableuchtete und wie wir immer noch nichts sahen und wie er schließlich mit meiner Hand jene Linien abfuhr, von denen er behaupten würde, daß sie künstliche Linien seien, die Umrisse eines äsenden Rens oder so ähnlich. Auch wenn ich immer noch nichts mit den Umrißlinien des Rens anfangen konnte, so ließ mich seine Begeisterung doch nicht unbeeindruckt, ja, ich glaubte ihm, ich glaubte ihm auch, was er über die Zuordnung der Linien, die Bedeutung der Kopflinien, der Beinpaare usw. sagte, und selbst Franziska, wie so oft hin und her gerissen zwischen heimlicher Belustigung und distanzierter Anteilnahme, schien beeindruckt.

Jahre später, als ich durch Tengen kam, beschloß ich, mir noch einmal diesen geheimnisvollen Felsen anzuschauen. Aber als ich vor dem vermeintlichen Felsenbild stand, konnte ich damit genauso wenig anfangen wie damals. Es schien mir zu viele Deutungen zuzulassen oder keine. Wahrscheinlich handelte es sich um natürliche Einkerbungen, eine Erosionserscheinung. Vielleicht war es auch zu dunkel, um die Linien genauer nachzuprüfen, vielleicht stand ich auch nur vor dem falschen Stein.

Jetzt fuhr Franziska zweimal die Woche in die Stadt hinunter, und einmal blieb sie über Nacht, weil der Alte kränkelte oder weil das Theater noch nicht aus war oder weil sie den Zug verpaßt hatte. Dann war das Haus wie leer, und als sie anderntags zurückkehrte, war es, als brächte sie die Stadt ins Haus. Einmal erzählte sie, daß man ihr einen Posten in einem Bekleidungsgeschäft angeboten habe, nichts Besonderes, aber dann schien sie doch ein wenig stolz darauf zu sein, daß die Welt sie nicht ganz vergessen hatte.

Je öfter Franziska abwesend war, um so präsenter war Julia. Sie war überall, wußte alles, machte sich unentbehrlich, dabei drängte sie sich nicht auf, sie war einfach da. Am Ende kannte sie das Haus besser, als Franziska oder der Glückliche es je gekannt hatten.

53

Der Geruch von faulen Äpfeln und fallendem Laub, die Landung der Alliierten in der Normandie und der siegreiche Rückzug der deutschen Armeen an allen Fronten, eine Sternschnuppe, die mit leuchtendem Schweif durch den Himmel zieht, der Glückliche, der Aristoteles zitiert:

»Leichter läßt sich das Wesen der Dinge erkennen, wenn man ihren Anfang weiß.«

Ich trieb mich damals viel im Wald herum.

Als ich Marius über dem Randensteig begegnete, schritt er das Gelände ab, als prüfe er es auf seine Verteidigungstauglichkeit.

»Nicht lange«, fing er da an, »und der verlorengegangene Krieg kommt ins Land, dann wird es anders werden, weil wir jetzt die Strategie bestimmen: Wir machen den Wald zum Kampfgebiet, igeln uns ein und lassen sie kommen.«

Und während er so redete, schritt er das Gelände ab.

»Wir werden vor den Wäldern Erdlöcher ausheben, Panzerfallen präparieren, dann werden wir sie ins Waldesinnere locken wie Hermann der Cherusker die römischen Legionäre.«

Er sprach wie immer mit ruhiger, entschlossener Stimme. Aber dann fragte ich mich, ob diese Strategie ausreichte, um einen so mächtigen Feind wie die Alliierten aufhalten zu können. Würden sich überhaupt genügend Leute finden, die den Kampf in den Wäldern zu führen gedachten. Doch Marius, als habe er meine Gedanken erraten, erklärte, daß es die einzige Möglichkeit sei, und die Schweizer hätten es in ihren Kriegen auch nicht anders gemacht.

Währenddessen waren wir an der Höhenstraße angekommen, und Marius setzte, an einen Baum gelehnt, seine Vorstellungen vom Verteidigungskrieg fort. Wie er so dastand, nachdenklich und doch unerschütterlich in seinem Glauben, glich er diesen Feldherren, wie man sie in den

Schlachtenbüchern abgebildet findet: kraftvoll wie der Baum, an dem sie lehnen, und zum letzten entschlossen.

Marius brach mitten im Satz ab, wandte den Kopf in Richtung Blumberg, von wo die Straße heraufführt, stieß sich vom Baum ab, nahm das Gewehr von der Schulter.

Dann hörte auch ich es, das dumpfe Geräusch von Schritten, das ich aus den Kriegsfilmen kannte, und das Geräusch kam näher, und Marius und ich bezogen hinter dem Buschzeug Stellung. Dann hörten wir Stimmen, und Marius hängte sein Gewehr wieder um, und was da die Straße heraufzog, war ein Dutzend alter Männer, die mit Marschgepäck und umgehängem Gewehr sich singend der Anhöhe näherten: der neue Bauernvolkssturm, den der Führer persönlich zum Endkampf aufgerufen hatte, weil wir ja jetzt einen Volkskampf führten.

»Siehst du im Osten das Morgenrot?«

Sie zogen geradewegs auf uns zu, sie schienen noch älter, als wir gedacht hatten. An der Spitze marschierte der Randenhof-Wirt und Bauernführer, dessen Habichtsaugen uns gleich erblickt hatten und an uns vorbeisahen, als wären wir Luft. Sie trugen verschiedene Gewehre, Seitengewehre aus dem letzten Krieg, achtundneunziger Infanteriegewehre, Kleinkalibergewehre, mit denen man auf Hasen schießt. Sie trugen auch keine einheitlichen Uniformen, und der Marschschritt stimmte auch nicht.

Da merkte ich, wie ernst die Lage war.

Einmal hoben wir wie auf Kommando die Köpfe.

Was wir da sahen, war wie ein Bild aus einer anderen Welt: Über uns zog, feierlich wie eine Prozession, ein summender, silbernblitzender Vogelzug dahin, und dem Zug folgten immer neue Züge, und Marius ließ sein Gewehr aus den Händen fallen, und die Waldtauben hörten auf zu schreien, und es war, als wäre die Welt an ihr Ende gekommen. Wir aber konnten den Blick nicht vom Himmel wenden.

54

Der frühe Morgen, eine Heraufkunft von Grau und immer neuem Grau. Franziskas Stimme, die zum Frühstück ruft. Bald wird der erste Morgenzug hinterm Wald zu hören sein.

Der Busfahrer, der von der Baar stammt, klagt über die zu kurze Nacht, den Nebel, das Rheuma, erzählt dem Hausmeister unserer Schule, der neben ihm sitzt, einen Witz, den er am Stammtisch gehört hat, und der Hausmeister tut, als habe er den Witz verstanden, bloß lachen kann er nicht, weil sie ihm in Rußland den Kiefer weggeschossen haben. Auch der Hausmeister kommt von der Baar, auch wenn er jetzt im Randendorf wohnt, seit er von Rußland zurück ist. Er soll in Orel dabeigewesen sein, und in Orel soll es noch schlimmer gewesen sein als in Kiew oder Borodino. So hat es uns einer der Lehrer erzählt, um zu zeigen, was der Hausmeister für ein Kerl ist. Trotzdem mag ihn keiner, weil er immer aufschreibt, die Zuspätkommenden, die Wandschmierer und die Raucher, die er in den Klos aufstöbert.

Der Fahrer fährt zweimal die Woche in die Stadt hinunter zum Wochenmarkt, aber die Bauern fahren lieber mit dem Zug, und der Fahrer fährt umsonst in die Stadt, aber das scheint ihn nicht zu stören. Er spaziert gern in der Stadt herum. Nirgendwo gibt es mehr zu sehen. Einmal ist er sogar dabeigewesen, als niedergegangene amerikanische Bomberpiloten von SS-Leuten durch die Stadt geführt wurden, die Amerikaner hatten gelacht. Er weiß von den überfüllten Lazaretten in der Stadt zu berichten, und daß auf den Schwarzwaldhöhen der erste Schnee gefallen ist und daß Churchill im Sterben liegt und daß es in der Schweiz die dritte Generalmobilmachung gegeben hat und daß die Geheimwaffe zum Einsatz kommt. Von all dem weiß der Fahrer, weil er so viel herumkommt.

Dann taucht die Schule aus dem Nebel auf, und später sitzen wir in den kalten, dunklen Klassenzimmern herum, machen Hausaufgaben oder spielen Karten und warten auf das erste Läuten.

Wenn ich mich an die Schule in jenen Tagen erinnere, dann sind es diese dunklen Morgenstunden. An den Unterricht erinnere ich mich weniger.

Nach der Schule ging ich mit Franziska zum Pilzesuchen. Dabei machte ich mir nie viel aus Pilzen, aber ich war gern im Wald. Franziska kannte sich bei den Pilzen besser aus, die nach einem langen Herbstregen wie wild aus dem Boden schossen, wie der Grünling, der Stoppelpilz oder honigbraune Hallimasch, das Stockschwämmchen, das einen guten Suppenpilz abgibt. Von Franziska konnte man was lernen, sie stürzte sich auch nicht auf die Pilze wie andere, manchmal ließ sie den Pilz auch stehen, weil er schön anzusehen war. Dann saßen wir auf irgendeinem Baumstumpf, horchten in den Wald hinein und wunderten uns, wie geräuschvoll es im Wald noch zuging.

Als der Glückliche an jenem Novemberabend nach Hause kam, war er guter Laune. Er brachte ein Buch mit Höhlenbildern von Altamira mit, sprach von den Höhlenritualen des diluvialen Menschen und trat auf die Veranda hinaus, um den Himmel zu beobachten, der an jenem Abend besonders hell erstrahlte – der Jupiter mit seinen vier Monden.

Weil der Himmel immer noch so hell war, beobachtete der Glückliche noch einmal mit dem Fernglas den Himmel, steckte das Glas in die Tasche, murmelte was von kosmischem Lichtstaub und beschloß, mit mir zum Randenkopf hinaufzusteigen, von wo man den Himmel noch besser sah, und tatsächlich strahlte er auf dem ganzen Weg heller als an anderen Abenden, und der Glückliche meinte, daß es etwas ganz Besonderes sei. Aber wie wir höher steigen, färbt sich der Himmel im Westen feuerrot, wie ich ihn noch nie gesehen hatte, und wie wir uns der baumfreien Höhe nähern, ist es, als brenne der Himmel, und wir bleiben stehen, und jetzt sehen wir, daß es die Erde ist, die brennt und ihre Flammen zum Himmel schickt, und der Glückliche rührt sich nicht, steht da, als wäre alles Leben in ihm erloschen.

Es war das Entsetzen, das ihn starr und stumm machte.

55

Am Morgen, als wir losfuhren, schneite es. Sonst war es ein Tag wie jeder andere, aber das schien nur so. Die Gesichter der Leute, die zustiegen, waren hart und verschlossen. Als wir unten ankamen, war es, als reisten wir durch ein verlassenes Land, und wir, die Zugreisenden, waren die einzigen Lebenden.

Mit gebremster Geschwindigkeit fuhr der Zug durch die Vorstadt, so als fürchte auch er sich vor dem Anblick des noch nie Gesehenen. Es roch nach Rauch und ausgetretenem Feuer, ausgeblasene Häuser ohne Dach und Türen und Fenster tauchten links und rechts der Gleise auf, davor Berge von Schutt, und der Zug hielt in regelmäßigen Abständen, weil Trümmer auf dem Gleis lagen. Franziska, die bleich und apathisch dasaß, schloß die Augen, und der Glückliche nahm ihre Hand, weil er nichts mehr zu sagen wußte.

Dann tauchte wie ein Zeichen der Unbesiegbarkeit der Münsterturm in der Ferne auf, aufrecht, unbeschädigt, scheinbar unzerstörbar, aber der Glückliche reagierte nicht: er dachte unentwegt an sein Institut. Die Ruinen nahmen zu, die Lücken in den Straßen wurden größer, der Zug hielt immer häufiger.

Einmal, es muß um die Mittagszeit gewesen sein, hielten wir ruckartig an einem Platz, den wir nicht kannten. Man sah nur rauchgeschwärzte Mauern und ausgebrannte Waggons, und niemand hatte den Mut, den Zug zu verlassen.

Bis der Schaffner kam.

Noch heute sehe ich die ratlosen Augen des Glücklichen, die verzweifelt nach dem Bahnhof suchten: es gab keinen Bahnhof mehr.

Wir stiegen aus.

Die Stille!

Wir schienen in einer toten Stadt zu sein.

Da der Glückliche Franziska den Anblick der Innenstadt ersparen wollte, liefen wir im Bogen um den Stadtkern herum, aber auch außerhalb stießen wir auf abgedeckte Häuser, nicht gelöschte Feuer. Einmal lehnte ein Mann an einem Toreingang, der war schwarz von Feuer und Rauch: er war tot.

Baumäste und ein Gewirr von Draht und Eisenstangen versperrten uns den Weg, und wir kehrten um und suchten nach einem anderen Weg, und ich bewunderte den Glücklichen, wie er immer wieder einen Weg fand.

Dann, als wir uns der Brücke näherten, standen die Häuser in Reih und Glied, so, als gehörten sie zu einer anderen Stadt, aber es schienen keine Menschen in ihnen zu wohnen.

Wir betraten die Brücke, von deren Mitte aus man das Eckhaus des Alten sehen konnte.

Franziska, die bis dahin wortlos zum Weitergehen gedrängt hatte, blieb stehen, lehnte sich an die Brücke und weinte. Ich glaube, sie hatte auf dem ganzen Weg geweint, wir hatten es nur nicht bemerkt. Aber jetzt, da sie an der Brücke lehnte, völlig erschöpft und außer sich, weinte sie vor Glück, und nie werde ich ihr Gesicht vergessen, als wir vor der Haustür standen und sie eine Sekunde lang zögerte, bevor sie den finsteren Treppenaufgang hinaufstürmte.

Der Alte lag im Bett.

Er erkannte uns nicht gleich und fragte, was wir wollten, aber da hatte sie sich schon über ihn gebeugt, und also kam er wieder zu Verstand, richtete sich auf und, obwohl ihm nichts fehlte, sah er schlecht aus, grau das Gesicht, spitz die Nase, die Augen funkelten böse.

Tante Ottilie kam und brachte Holz und eine Kerze für die Nacht; sie zündete den Ofen an, und auf den Ofen stellte sie den Kaffeetopf. Da war der Glückliche schon gegangen, um sein Institut zu suchen.

Tante Ottilie stand am Fenster und sah ihm nach.

»Keine halbe Stunde hat es gedauert, es war wie ein Erdbeben und ein Sturm zugleich, es müssen Brandbomben gewesen sein, denn die Häuser brannten wie Papier.«

»Gott strafe England«, hören wir den Alten aus seinem Bett schreien.

»Die Altstadt, das Bahnhofsviertel, das Institutsviertel, die Kliniken, nichts ist stehengeblieben«, sagt Tante Ottilie mit halblauter Stimme, »ich habe es ihm nur nicht sagen wollen.«

Franziska starrt Tante Ottilie ungläubig an.

»Erst warfen sie Leuchtbomben, und schon ging's los, bevor überhaupt Alarm gegeben werden konnte.«

»Gott strafe England«, schnappt der Alte in seinem Bett.

Er scheint wirklich etwas wirr zu sein.

»Aber warum?« wundert sich Franziska, »wo es doch nichts gab, kein Militär, keine Fabriken, nichts als Lazarette.«

»Warum?« schreit der Alte und richtet sich im Bett auf, »weil sie uns vernichten wollen. Deutschland geht unter!«

Franziska setzt sich an sein Bett, legt ihm die Hand auf den Kopf.

»Bitte beruhige dich«, flüstert sie, und der Alte seufzt und schweigt.

Die beiden Frauen beobachten den Alten.

»Es ist nur ein Schock«, erklärt Tante Ottilie, »er hat das Kilianshaus in der Hildastraße in die Luft gehen sehen, eine Luftmine traf es, als die Kilians in der Sutterbrauerei saßen, und später, als sie zurückkamen und ihr Haus nicht mehr fanden, meinten sie, sie seien in der falschen Straße, ließen sich's von niemandem ausreden, liefen alle Straßen ab.«

Tante Ottilie wirft noch einen Blick auf den Alten, der zu schlafen scheint, dann schaut sie nach dem Kaffeewasser.

»Er meint, er sei in einem anderen Haus, weil er meint, daß sein eigenes Haus zerstört sei. Es wird noch eine Weile dauern, bis er wieder klar im Kopf ist.«

Franziska blickt in die Richtung, wo das Institut sein mußte.

»Ist es wirklich wahr?« flüstert sie.

Tante Ottilie gießt Kaffee in die Tassen.

»Es tut mir aufrichtig leid für ihn«, sagt Tante Ottilie.

56

Als die Kastanie im Garten Knospen ansetzte, überschritten die Heere der Alliierten den Rhein, überfluteten die Ebene, und erst vor den Schwarzwaldbergen kamen sie zum Halt, während sich die Reste der ruhmreichen 18. Armee des Generals Keppler eilig davonmachten, Infanteristen und Pioniere und Panzerjäger ohne Panzer, SA-Führer, Deserteure wie Kämpfer der letzten Stunde. Mit Pferden und Fahrrädern und Gepäckwagen zogen sie die Bergtäler hinauf, über ihnen französische Aufklärer und englische Sportflieger, hinter ihnen die Vorhut der Verfolger, deren Atem sie im Nacken spürten. Um die scheinbar rettenden Höhen schneller zu erreichen, ließ man Stück für Stück der Ausrüstung zurück, über die die Verfolger einmal stolpern würden, dann, eines frühen Abends, erreichten sie die Pässe, und die Bewohner auf der Höhe erwarteten regungslos die Ankunft der

Geschlagenen. Die Pioniere aber, kaum hatten sie die Höhe erreicht, schwangen den Spaten, um in wilden Zickzacklinien Schützengräben auszuheben, und bevor die Schützen nachrückten, waren sie schon weitergezogen, um neue Gräben zu graben, das Land ein durchbohrtes, umgegrabenes Land. Nach den Schützen kam das Gros, eine nicht abreißende Kolonne von erbarmungswürdigen Gestalten zu Fuß, auf Rädern oder Eseln oder Pferden zwischen Lkws und Granatwerfern und Pritschenwagen, auf denen sich die Kranken und Verwundeten befanden, und das alles ergoß sich vom frühen Abend bis in die Nacht wie eine Springflut über die Baar und am Randen vorbei in den Hegau, zum Bodensee, nach Osten, und die ganze Nacht hindurch hörte man das scheinbar endlose Getrappel von Menschen und Tieren, und im Morgengrauen raste ein Panzer auf der Höhenstraße davon, er fuhr so schnell, daß man die rotglühenden Auspuffrohre sehen konnte, und es hieß, im Panzer sei der General Keppler gesessen. Erst als der Morgen kam, trat Stille ein, und nur die zurückgelassenen Benzinkanister und Autoreifen und herrenlosen Pferde erinnerten an den nächtlichen Vorbeizug.

Im Nachbardorf hatte der Doktor auf Geheiß des Generals in einem Gasthaus eine Station zur Notversorgung eingerichtet, in der er sich um die zurückgelassenen Verwundeten kümmerte. Deren Zahl war so groß, daß die Station, die zunächst nur provisorischen Charakter hatte, zur Dauereinrichtung wurde bis über den Krieg hinaus. Jetzt sah man den Doktor so gut wie gar nicht mehr, er arbeitete nur noch, er schlief auch auf der Station, und wenn jemand etwas von ihm wollte, mußte er ihn dort aufsuchen.

Die Leute im Dorf hatten den Vorbeizug mit gemischten Gefühlen verfolgt. Einerseits waren sie froh, daß die Armee vorbeigezogen war, weil sie Scherereien befürchtet hatten, andererseits wußten sie, daß nur die Armee sie vor dem heranrückenden Feind schützen konnte. Zu viele Gerüchte liefen um, die von Erschießungen und Plünderungen und Vergewaltigungen berichteten, und nicht wenige bereiteten ihre Flucht in die Wälder vor, während andere sich in Gottes Schutz ergaben: Nie waren die Kirchen so voll wie in jenen Tagen.

Am Mittag jenes Tages humpelte ein Nachzügler über den Kamm und schrie: »Berlin ist frei, wir haben gesiegt!« Und kurz darauf kamen ein Junge in Uniform und ein Volkssturmmann ins Tal herab, die sahen aus wie Großvater und Enkel und trugen zusammen ein MG auf den Schultern. Wie sie vor unserem Haus standen, erzählte der Volkssturmmann Franziska, daß sie Befehl hätten, das Tal zu verteidigen, und daß sie zwei Spaten bräuchten und daß sie heute noch nichts gegessen hätten.

Sie aßen mit uns zu Mittag, und nach dem Essen ließ sich der vom Volkssturm eine Zigarre geben und brummte etwas von einer neuen Kriegsordnung, und daß der Führer dem Randen eine maßgebliche Rolle bei der Verteidigung von Führer, Volk und Reich zugewiesen habe und daß ab morgen oder übermorgen die Wunderwaffen in Aktion treten würden, erzählte lauter solchen Unsinn, während der Junge sich in meine Bücher vertiefte. Dann, wie auf Kommando, sprangen sie auf, sagten, sie wollten jetzt an die Arbeit und fingen auch gleich unterhalb des Kamms zu graben an. Aber als ich später zu ihnen hoch wollte, waren sie verschwunden, das MG und die Spaten hatten sie zurückgelassen.

Es muß am Vorabend von Hitlers Geburtstag gewesen sein. Im Radio sprach der Propagandaminister von ewigen Gelöbnissen und unzerbrechlicher Treue, seine Stimme überschlug sich mehrmals dabei. Dann fing sie plötzlich an zu blubbern und erstarb: der Strom war weg. Er kam auch nicht wieder, weil irgendein Strommast beschädigt worden war, und Franziska holte eine Kerze, und also saßen wir um die

Kerze und warteten darauf, daß der Strom zurückkehrte, aber der Strom kehrte nicht zurück, und wir hörten kein Radio mehr, kein Grammophon, und es wurde noch stiller im Haus.

Den Glücklichen schien das alles wenig zu kümmern. Er hatte sich in sein Zimmer zurückgezogen, kaum sah man ihn. Er kam auch nicht immer zum Essen, und wenn er zum Essen kam, saß er da, aufrecht, und schweigsam, folgte scheinbar teilnahmslos den Gesprächen, dann betrachtete ihn Franziska wie aus der Ferne.

Alle Zuversicht schien aus seinem Gesicht verschwunden. Keine großen Worte mehr, keine Beschönigungen und Vertröstungen. Es schien, als habe ihn der Verlust des Instituts all seiner Kraft beraubt. Man machte ihm Hoffnungen auf eine Stelle an der Universität. Er reagierte nicht einmal. Einmal kam ein Brief von einem Verlag. Er ließ ihn ungeöffnet liegen.

57

Marius war jetzt überall. Einmal stand er vor unserem Haus, sah zum Kamm hoch, als überprüfe er den Verteidigungszustand des Tals, und Julia, den Gartenschlauch in der Hand, schien ihn verjagen zu wollen, aber Marius tat, als sehe er sie nicht, wie er ja gewisse Leute nie wahrnahm. Oben am Wald gestand er, daß es doch nichts mit den Wunderwaffen sei. Es bleibe jetzt wirklich nur noch die Maulwurfstrategie, aber auch da schien er sich nicht mehr ganz sicher zu sein. Wir beobachteten den Himmel, blickten zum Kamm hinüber, und während wir noch schauten, tauchte plötzlich dieser Tiefflieger mit der Kokarde über uns auf, lautlos schwebend wie ein Milan, aber natürlich war es kein Milan, wir konnten sogar sein Gesicht sehen, seine Fliegerbrille, seine Mütze. Ohne uns zu beachten, zog er übers Haus, übers Tal, den Kamm, kreiste noch eine Weile überm Dorf und entfernte sich langsam in Richtung Westen, und wir standen völlig überrumpelt da.

Marius entschied, daß ab sofort auf jeden Kirchturm ein MG müsse, und während er das sagte, blickte er mit dem Fernglas in die Richtung, in die der Pilot entkommen war.

»Stell dir vor, er hat sich in die Schweiz abgesetzt. Ist mit seinem Dienstwagen durch die Felder nach Beggingen getürmt, hat den Grenzsoldaten, der ihn aufhalten wollte, einfach mitgenommen.«

Sein Onkel, der Ortsgruppenleiter.

Marius blickte in die Richtung, wo die Begginger Grenze lag.

»Er hat mir eine Botschaft zukommen lassen, daß ich nachkommen solle.«

Er spuckte aus und schwieg.

Er schien sehr betroffen.

»Eines Tages«, fuhr Marius fort mit einer Stimme, die alle Verachtung der Welt enthielt, »eines Tages wird er wieder auftauchen, wenn alles vorbei ist und sagen, was für schlimme Zeiten es waren, und sie werden ihn zum Bürgermeister machen, zum Kreisrat, zum Landrat, und er wird genau so das große Wort führen, wie er es immer getan hat.«

Er verzog sein Gesicht und wandte sich ab.

Ich verstand seinen Zorn. Wer hätte es für möglich gehalten, daß die, die immerzu von Treue faselten, sich bei der erstbesten Gelegenheit absetzten? Aber vielleicht war es das Übliche, vielleicht würden sich noch ganz andere Leute absetzen, der Kreisleiter, der Gauleiter oder am Ende gar der Führer selbst. Wer wußte das schon?

Aber dann einfach so abzuhauen!

Einmal kehrte Franziska vom Bahnhof zurück. Sie hatte in die Stadt fahren wollen. Aber dann fuhr gar kein Zug, weil

Pioniere eine der Eisenbahnbrücken in die Luft gejagt hatten. Und jetzt kam auch keine Post mehr, keine Zeitung, und die Welt war ferner denn je. Andererseits wußte man, was man wissen mußte, und der Bury, der viel herumkam, berichtete, daß der Strom der Flüchtlinge immer länger werde und die Geduld der eidgenössischen Grenzwächter immer mehr abnehme und daß bei Wiechs die Grenze völlig abgeriegelt sei und daß der französische General Tassigny im Anmarsch sei und daß der General Keppler sich ihm stellen wolle und daß die Russen vor Berlin stünden und daß Churchill in einem Sturmboot den Rhein überquere, um Gericht zu halten.

Und so weiter.

Einmal hörte man Schüsse am Fuß des Randenkopfs, und die Bauern, die auf den Feldern waren, rannten in den Wald, und die, die im Dorf waren, verbarrikadierten sich in ihren Häusern, denn sie dachten, der Feind sei da, aber es waren die Volkssturmmänner des Bauernführers, die auf eine davonziehende Wildschweinherde gestoßen waren.

Während alle eine zunehmende Unruhe erfaßte, selbst Julia, kam eine seltsame Wandlung über Franziska. Es schien, als erwache sie zu einem neuen Leben, als hätten die zurückliegenden Ereignisse ihr neue Kräfte und Hoffnungen eingegeben, und es schien, als könne sie nichts mehr aus dem Gleichgewicht bringen, auch nicht die leeren Flaschen, die sie eines Morgens beim Aufräumen im Zimmer des Glücklichen entdeckte. Sie verlor auch kein Wort darüber.

58

An einem frühen Morgen lehnte ein Mann an der Kastanie und rauchte. Er trug einen blauen Blouson und eine Mütze, wie sie die Flieger trugen. Er blickte talaufwärts, so konnte man sein Gesicht nicht sehen. Zu dritt standen wir auf der Terrasse und beobachteten den Fremden, bis dieser sich umdrehte und zu uns heraufsah.

Kein Zweifel, es war der Tiefflieger, den Marius und ich ein paar Tage zuvor in der Luft beobachtet hatten.

Der Glückliche führte ihn ins Haus.

Er sah aus wie einer von diesen Hollywoodhelden, groß und braungebrannt. Er verbeugte sich vor Franziska, sagte ein paar Worte, die ich nicht verstand, weil sie französisch waren, und Franziska ging in die Küche, um sich um das Frühstück zu kümmern, während die beiden Männer unter der Tür standen.

Es war eine seltsame Szene.

Es war, als würden sich zwei alte Freunde nach langer Zeit wieder sehen, aber der da wie ein Freund auftrat, war ein Feind, man sah's an der Fliegermontur.

Ein französischer Flieger in unserem Haus!

Was wollte er? War der Krieg schon zu Ende?

Ich war gespannt, was geschehen würde.

Wir frühstückten.

Es geschah nichts.

Nach dem Frühstück bot er dem Glücklichen Zigaretten an, amerikanische, zog eine Karte aus dem Blouson und legte sie vor Franziska, sie sah aus wie eine Visitenkarte.

Es war eine.

Den Namen habe ich vergessen, aber ich weiß, daß er Capitaine war, es stand auf der Karte.

Der Capitaine deutete in Richtung Wald.

Ein Defekt an der Maschine. Notlandung.

Er lachte dabei.

Er dachte wohl, daß wir den Schwindel glaubten.

»Quelle maison!« rief er, und es war, als sei er nur wegen des Hauses hier.

»Vielleicht will er das Haus sehen«, sagte Franziska, die Mühe hatte, ihre Nervosität zu verbergen.

Der Glückliche überlegte.

»Eine gute Idee«, nickte er und wandte sich an den Flieger. Und die beiden standen auf, gingen zusammen den Flur hinunter. Später sahen wir sie im Garten stehen, wie in ein Gespräch vertieft.

Was wollte der Capitaine? Die Gegend auskundschaften? Uns ausspionieren? Orte markieren, auf die sie später einmal ihre Bomben fallen lassen würden?

Man durfte ihm nicht trauen.

Beim Mittagessen war der Glückliche, der recht gut Französisch konnte, gesprächig wie schon lange nicht.

Das Zusammentreffen schien ihn anzuregen.

»Wir haben uns über den Urvogel unterhalten, den alten Mann von Cro-Magnon und den Comte du Buffon«, fing er da plötzlich an, »ein interessantes Gespräch, für das ich dem Capitaine dankbar bin. Der Capitaine ist Biologe an der Ecole Technique in Paris.«

Der Capitaine winkte ab.

»Ein Biologe, der wenig weiß, zu wenig.«

Der Glückliche schien nicht überrascht.

»Wem sagen Sie das? Ist es nicht das Los jedes Wissenschaftlers, zu wenig zu wissen und so zu tun, als wisse man viel?«

Die beiden Männer lachten.

Ich horchte auf.

Der Ton kam mir bekannt vor.

»Insbesondere«, fuhr der Glückliche zu Franziska gewandt fort, »haben wir uns über die Evolutionstheorie von

Lorenz Oken, auch Okenfuß genannt, unterhalten, und ich glaube den Capitaine so verstanden zu haben, daß auch er der Meinung ist, daß der Mensch noch gar nicht den Namen verdient, den er trägt, und daß er noch einen langen Weg zurückzulegen hat.«

»Soll das heißen, daß wir alle, die wir hier sitzen, keine Menschen sind?« platzte Franziska heraus.

Der Capitaine zog an seiner amerikanischen Zigarette.

»Warum nicht? Würde das an den Umständen etwas ändern?«

Franziska betrachtete den Capitaine.

Sie fühlte sich auf dem Arm genommen.

Aber dem Capitaine schien es ernst zu sein.

»Vielleicht sind wir wirklich nur Vorläufer in einer langen Entwicklung, die wir uns nicht einmal vorstellen können.«

Der Glückliche nickte.

»Die alten Wildbeutermanieren, der Jägerinstinkt, der Tötungstrieb, das alles wird eines Tages der Vergangenheit angehören, denn die Evolution geht weiter, unaufhaltsam.«

Fasziniert beobachtete ich den Glücklichen, es klang alles so wie früher.

»Il faut le nouvel homme«, bestätigte der Capitaine, »l'homme civilisé.«

Was der Capitaine sagte, konnte ich verstehen, aber was meinte er mit »civilisé«?

Der Glückliche nickte.

»Der Mensch, der nicht mehr wie ein Wolf auftritt.«

Aber Franziska schüttelte den Kopf.

»Wie kann man so etwas sagen? Der Mensch ist ein Mensch, schlimmer als ein Wolf, weil er auf seinen Verstand nicht hört.«

Der Glückliche sah erstaunt auf Franziska.

Der Capitaine lächelte.

Es war eine merkwürdige Mittagsunterhaltung.

Der Capitaine stand auf, um nach seiner Maschine zu schauen. Als er den Flur hinunterging, blieb er vor dem Lesezimmer stehen, sein Blick streifte die Bücher in den Regalen.

Gide, Bergson.

Rostands »Pensées d'un Biologiste«.

Er lachte.

»Ein Mann, der die Geheimnisse der Essigbiene kennt, aber ein Pferd nicht von einem Esel unterscheiden kann.«

Er sah ins Tal hinauf, während vom Wald her das vereinzelte Gurren der Tauben zu hören war.

»Une île«, hörten wir den Capitaine sagen, halb verwundert, halb amüsiert, als sei er sich nicht sicher, »une île du bonheur illusoire.«

Er setzte die Fliegermütze auf, betrachtete uns mit kühlem Blick.

Er war wieder ein Flieger.

Später, als er mit seiner Maschine hinterm Wald hervorkam, hatte sich der Glückliche schon lange wieder in sein Zimmer zurückgezogen. Ich aber stand auf der Terrasse und sah den Capitaine über unser Haus hinwegfliegen.

Er winkte.

59

Während die Sonne von Tag zu Tag höher steigt, erwartet man das Unvorstellbare: die Ankunft des Feindes. Aber keiner hatte ihn gesehen, und das war es, was die Menschen auf dem Randen so verunsicherte: Wo waren die Sieger geblieben? Hatten sie eine andere Richtung eingeschlagen? Oder waren sie doch noch von Hitlers letztem Aufgebot aufgehalten oder gar zerrieben worden? Eines Morgens, sagte Julia, werden wir es wissen, wenn sie vor unserer Haustür stehen.

Einmal jagte ein Lastwagen mit Schwarzuniformierten vorbei, um, wie es hieß, die davongelaufenen Kämpfer der letzten ruhmreichen Armee einzufangen. Und ein paar Tage später erzählte der Bury, daß sie bei Nacht in die Bahnhofswirtschaft in Blumberg eingedrungen seien, wo sie zwei Soldaten in Zivil, Brüder aus Zollhaus, beim Kartenspielen angetroffen hätten. Die Uniformierten hätten eine ganze Weile dem Spiel zugeschaut, bis es den Brüdern zu dumm geworden sei, und sie hätten die Karten hingeschmissen und seien aufgestanden und mit den Schwarzuniformierten hinausgegangen. Kurz darauf seien diese allein in die Wirtschaft zurückgekehrt, um ihren Wein auszutrinken oder um die Rechnung zu begleichen, und am Morgen in aller Frühe hätten Waldarbeiter die beiden Deserteure kurz vor dem Aufstieg zum Eichberg brüderlich nebeneinander an einem Ulmenbaum hängen sehen mit einem Warnschild um den Hals, das verbot, die beiden abzuhängen. So seien die beiden bis zum Mittag hängengeblieben, bis ein Fuhrmann die Straße von Achdorf heraufgekommen sei, der habe die beiden vom Astwerk geschnitten, habe sie zum Rathaus nach Blumberg gefahren, aber dort habe niemand etwas von den Gehängten wissen wollen, darauf sei der Fuhrmann zum Pfarrer gefahren, damit der den Totengräber kommen lasse, aber der Pfarrer habe erst den Totenschein sehen wollen, und also sei der Fuhrmann wegen des Totenscheins wieder zum Rathaus gefahren, wo man ihm erklärt habe, daß es besser sei, wenn er sich gleich mit seiner Fuhre davonmache, und also sei der Fuhrmann noch eine Weile ratlos durch die Gegend gefahren, bis er schließlich die toten Brüder, die wohl auch schon zu stinken angefangen hatten, in den Steinbruch geworfen habe.

So oder ähnlich lautete die Geschichte, die der Bury damals Julia erzählte, die im Garten Gemüse säte und kein

Eckchen ausließ, und Julia schüttelte den Kopf, ohne von ihrer Arbeit abzulassen.

»Einen Garten«, pflegte Julia zu sagen, »darf man nie vernachlässigen, egal, was passiert.«

Im Randendorf hatte Marius jetzt das Kommando übernommen, das heißt, er schien der einzige zu sein, der zum Kampf entschlossen war, nachdem die SS nur noch Jagd auf die eigenen Leute machte und der Volkssturm sich irgendwo in den Wäldern verloren hatte und die Armee des Generals Keppler nicht wiedergekehrt war. Die verzweifelten Überlegungen, wie der Randen zu retten sei, nahmen Marius so sehr in Anspruch, daß er von nichts mehr anderem sprach, wohl auch nichts mehr anderes dachte. Zusammen mit dem Kirchendiener, der noch die Marneschlacht miterlebt hatte, montierte er ein MG auf dem Kirchturm im Randendorf und eines auf dem Randenkopf und ein anderes auf dem Wasserreservoir auf der Straße nach Fützen, das aber der Bauer vom nahen Verenahof in der Nacht wieder abmontierte. Die MGs hatte Marius aus dem Waffenlager in der Kaserne entwendet oder »sichergestellt«, wie er es nannte.

Einmal ging ich mit ihm durch die verlassene Kaserne, die aus nichts anderem bestand als aus einem zweistöckigen Backsteinbau und einem kleinen Hof, dem Exerzierplatz. Natürlich war das keine richtige Kaserne, sondern eine Polizeischule, aber jeder sprach von der Kaserne, vielleicht wegen des Exerzierplatzes oder weil darin Soldaten gelegentlich stationiert gewesen waren.

An jenem Tag regnete es. Marius und ich saßen in einem der kleinen leeren Schlafräume, in dem es nach kaltem Rauch und nassen Socken roch, und beobachteten die Straße unter uns: keine Sekunde lang durfte man den heranrückenden Feind aus den Augen lassen.

Plötzlich hatte Marius eine Zigarette in der Hand, was mich wunderte, noch nie hatte ich ihn mit einer Zigarette gesehen. Er drehte die Zigarette nervös zwischen den Fingern und beobachtete unentwegt die Straße, auf die der Regen niederging.

Auf einmal hörten wir dieses Geräusch hinter uns und sprangen auf.

Aber es war nur eine Ratte, die vorbeihuschte.

»Er ist tot«, sagte Marius schließlich und warf die Zigarette in die Ecke.

»Tot«, sagte ich, »wer ist tot?«

»Der Führer«, antwortete Marius, »an der Spitze seiner Leibstandarte im Straßenkampf gefallen.«

Der Führer tot?

Es fiel mir schwer, den Sinn der Worte zu begreifen. Es war auch schwer zu begreifen. Konnte einer wie Hitler überhaupt tot sein? Und konnte man sich ein Deutschland ohne Hitler vorstellen? Ein Mensch, der so allmächtig und allgegenwärtig gewesen war wie der liebe Gott selbst?

Marius starrte in die Ecke, in der die Ratte verschwunden war.

»Traust du dir zu, ein MG zu bedienen?«

Noch nie war ich so etwas gefragt worden, und ich empfand Stolz, daß mir jemand so etwas zutraute.

Ich nickte.

Ich wollte Marius nicht allein lassen.

»Eine Woche noch«, erklärte Marius mit fester Stimme, »müssen wir auf der Hut sein; wenn sie bis dahin nicht gekommen sind, werden sie nie kommen.«

Das klang einleuchtend, aber warum sollten sie nicht kommen?

Marius überlegte.

Er überlegte lange.

»Vielleicht haben sie Angst«, entschied er.

Angst vor den Greisen vom Volkssturm? Vor den paar Werwölfen, die noch keiner gesehen hatte?

Marius überlegte.

»Vielleicht haben sie Angst vor uns. Sind wir etwa nichts?«

Ich sah Marius an. Und während ich ihn ansah, spürte ich, wie etwas in mir hochkam, mit dem ich nicht fertig wurde, so sehr ich mich auch bemühte, weil ich doch Marius nicht verletzen wollte, aber dann brach es aus mir heraus, und ich schüttelte mich vor Lachen, und jetzt sah ich, wie sich das Gesicht von Marius verkrampfte, wie er die Lippen aufeinanderpreßte, wie seine Gurgel anschwoll, als gehe es ihm nicht anders als mir. Doch dann holte er plötzlich tief Luft, und sein Gesicht kehrte zu seinem wahren Ausdruck zurück, und so kam es, daß ich Marius nie habe lachen sehen.

Marius stand auf.

»Schön«, sagte er, »dann wollen wir uns an die Arbeit machen.«

60

Am nächsten Morgen stiegen Rauchsäulen aus der Ebene auf, und sie wurden immer höher, und die Menschen auf dem Randen schlossen die Augen, als trauten sie ihnen nicht.

Über Nacht waren die Alliierten einmarschiert.

Später gegen Mittag hörte man das Tacken eines Maschinengewehrs und von Norden her Artilleriefeuer, und der Bury berichtete, daß der Wartenberg genommen worden sei und der Fürstenberg und daß die Brücken in der Donau lägen und die Armee des Generals Keppler vor der Grenze auf- und abmarschierte.

Dann hörte man das Geschützfeuer näherkommen, und irgend jemand erzählte, daß die Marokkaner im Anmarsch seien und sämtliche Straßen nach Norden abgeriegelt hätten. Die Menschen auf dem Randen zogen sich in ihre Häuser zurück, nur die ganz Ängstlichen zogen in die Wälder, wo sie die Tage des Einmarsches abwarten wollten, und der Randenwirt ließ den Schnaps aus dem Faß laufen, und der Bürgermeister täuschte eine schwere Krankheit vor und legte sich ins Bett.

Wenn man durchs Dorf ging, war es, als ginge man durch ein Pestdorf.

Franziska hatte mir verboten, ins Dorf hinaufzugehen, weil der Einmarsch zu jeder Stunde erfolgen konnte. Ich sollte mich auch nicht zu weit vom Haus entfernen, woran ich mich aber nicht halten wollte, denn ich wartete auf den Einsatzbefehl von Marius.

Der Glückliche verließ jetzt wieder häufiger sein Zimmer und stand, die topographische Karte in der Hand, auf der Terrasse und beobachtete irgendwelche Punkte in der Landschaft, die nur er sah.

Einmal, als ich ihn bei einer Gesteinsprobe in der Umgebung begleitete, kam der rote Hodel mit dem Rad vorbeigeschossen und schrie, daß der Krieg zu Ende sei und Deutschland kapituliert habe.

Der Glückliche blieb einen Augenblick stehen, als habe er nicht ganz verstanden, beugte den Kopf ein wenig zurück, öffnete den Mund, als wolle er etwas sagen, aber er sagte nichts.

Er sagte auch nichts, als wir wieder zu Hause waren.

Es läuteten keine Friedensglocken, es brach kein Jubel aus: Der Krieg hatte zu lange gedauert.

Aber dann begann sich die Spannung doch zu legen, und die Angst schwand, und die Leute gruben wieder ihr Silber aus und die, die in die Wälder geflüchtet waren, kamen nach Hause, und der Bürgermeister verließ fröhlich das Krankenbett, und das Dorf kehrte zum gewohnten Leben zurück. Aber dann fragte man sich, wie es weitergehen sollte, ob das Reich jetzt von Amerika regiert werde oder vom Völkerbund wie Deutsch-Südwestafrika oder ob es eine freie

Bauernrepublik werde oder ob eine vereinigte Reichsritterschaft die Macht übernehme unter der Führung des Fürsten von Fürstenberg, um das vierte Reich zu gründen, oder ob es wieder in seine Bestandteile aufgelöst werde wie vor Napoleons Zeit und ob der Randen an die Schweiz angegliedert werde, wie Julia meinte und wie es vielen recht gewesen wäre.

Da wurde viel gefaselt und gerätselt, aber was die Leute am meisten beschäftigte, ohne daß sie darüber sprachen, war, daß von den Alliierten, von denen alles abhing, sich immer noch keiner auf dem Randen hatte blicken lassen: es schien, als habe man uns vergessen. Nur der Glückliche schien Bescheid zu wissen (er hat es in seiner kleinen Schrift über die Geschichte des Randendorfes erwähnt): Noch nie sei der Randen von feindlichen Heeren besetzt gewesen, noch immer seien die Armeen der Welt vorbeimarschiert, das sei im ersten Weltkrieg so gewesen und in den Franzosen- und Schweden- und Schweizer- und Schwabenkriegen, und selbst die Römer, denen die halbe Welt gehört hatte, hätten nur, so der Glückliche, eine Wachmannschaft geschickt, die dann aber vorsichtshalber am Fuß des Randen haltgemacht hatte.

Dann, eines Mittags, fing plötzlich diese Stimme in der Ecke des Zimmers an zu sprechen, eine fremde Stimme, die noch keiner gehört hatte, die Stimme aus dem Radio, das eingeschaltet geblieben war seit jenem Abend, als der Strom ausfiel. Obwohl die Stimme in unserer Sprache sprach, verstanden wir nicht gleich, bis wir merkten, daß es eine andere Stimme war als die, die wir aus dem Radio gewohnt waren, eine ruhige, sachliche, langweilige Stimme, die da irgendwelche Verordnungen bekanntgab.

Und so erfuhren wir, daß das Leben draußen weiterging und daß vielleicht irgendwo eine neue Regierung ihres Amtes waltete und daß alles mit Verordnungen anfing.

Dann, kaum hatte die Stimme aufgehört zu sprechen, kam diese Musik, und die war uns noch fremder, und wir saßen da und lauschten fasziniert dem seltsamen Klang aus einer anderen Welt, bis Franziska aufstand und den Tisch abräumte.

Julia schien am leichtesten mit den neuen Verhältnissen zurechtzukommen. Das Leben geht weiter: ihr Wahlspruch. Oder: Jetzt heißt es nach vorn blicken. Und band sich das Kopftuch fester.

Einmal kam der Doktor vom Nachbardorf herüber, wo er noch immer die Verwundeten versorgte. Wir hatten ihn lange nicht gesehen, und es schien, als sei er sehr gealtert. Er war schweigsam wie immer, zog leicht das Bein nach, und später hörten wir, daß ihn die Kugel eines betrunkenen Soldaten gestreift hatte. Während draußen ein Wagen auf ihn wartete, trank er seinen Schnaps und blickte auf die Rosenbüsche im Garten.

Er blieb nicht lange.

61

Eines frühen Morgens, die Tauben haben gerade zu rufen angefangen, ist dieses Rauschen in der Luft, das niemand überhört, der damit aufwächst, weil es ein Teil seines Lebens ist, und das Rauschen kommt näher, entfernt sich, kehrt wieder, Rauch steigt auf, ein Schornstein ragt aus dem Feld, und das Rauschen schwillt an zu einem alles übertönenden Geschnaufe und Gekeuche, dann tauchen Lok und Tender und Wagen hinter der Kurve auf, und so war die Welt zu uns zurückgekehrt.

Der erste Brief, der eintraf, war von Franziskas Vater, der sein Bett verlassen hatte, sich aber immer noch nicht traute, durch die zerbombte Stadt zu gehen.

Der zweite Brief war für den Bury: es war sein eigener Brief an Robert, der zurückkam, weil der Adressat nicht erreichbar war.

Der Bury fuhr an diesem Tag nicht in den Wald, sondern kam zu Franziska, um ihr den Umschlag zu zeigen, und Franziska erzählte ihm, daß alle Soldaten, die auf dem Rückzug seien, keine feste Adresse hätten, und daß er Geduld haben müsse. Aber der Bury wollte plötzlich keine Geduld mehr haben, und seine Hände, die den Brief hielten, zitterten.

Daß jetzt eine neue Zeit angebrochen sei, war überall zu hören. Aber dann ging das Leben doch weiter wie bisher, und eines Morgens ging das Gerücht, der Ortsgruppenleiter sei zurückgekehrt, und zwar im gleichen Wagen, in dem er sich einst über die Felder nach Beggingen davongemacht hatte.

Nur von Marius wußte niemand etwas. Es hieß, er sei in die Schlucht hinabgestiegen, um den Endkampf abzuwarten, andere behaupteten, er habe sich irgendwo in den Wäldern eingegraben, während ein Fischer vom Ried schwor, er habe Marius in einem Kampfboot die Donau hinunterfahren sehen, um nach Istanbul überzusetzen, wo er dem türkischen Präsidenten seine Dienste anbieten wolle.

Ich dachte damals oft an Marius, und ich fragte mich, wohin es ihn in seiner Unruhe wirklich getrieben haben mochte. Vielleicht brauchte er Hilfe, vielleicht hatte man ihn gefangengenommen. Aber Julia meinte, daß man einen wie Marius nicht gefangen nehme, sondern gleich in die Klapsmühle stecke, wo er ja auch hingehöre.

Einmal kam der Glückliche spät nach Hause. Es hatte den ganzen Tag geregnet, und erschöpft, durchnäßt, aber glücklich lächelnd stand er unter der Tür.

Er holte eine Flasche Wein aus dem Keller und verriet uns das Geheimnis seines Glücks: die Höhle, die er entdeckt hatte.

Früh am anderen Morgen nahm er mich mit.

Es war ein kalter, regnerischer Tag.

Die Höhle lag über der Schlucht. Er mußte schon eine Weile in ihr gearbeitet haben, denn der Eingang war freigeschaufelt, aber nie hatte er davon erzählt. Gleich neben dem Eingang lagen ein paar Knochen, daneben Schaber, Bohrer und andere Steinwerkzeuge, alles ordentlich auf einem Haufen zusammengelegt.

Ich blickte auf die Knochen.

Der Glückliche setzte seine Amtsmiene auf und summte vor sich hin.

Er war in seinem Element.

»Das ist nur die Spur«, fing er an, »das ist nur der Anfang.«

Und leuchtete mit der Azetylenlampe ins Höhleninnere.

Wenn man den Glücklichen hörte, hätte man meinen können, es handelte sich um die Höhle von Frühmenschen oder gar der ersten Menschen, die nirgendwo anders als auf dem Randen gelebt hatten. Es war alles sehr verwirrend, aber wenn man den Glücklichen hörte, hätte man es beinahe glauben können.

Später, als wir vor der Höhle saßen und in den verhangenen Tag blickten, sprach der Glückliche über die tieferen Schichten, zu denen er vorstoßen müsse, über das Höhleninnere, wie er es sich vorstellte, über die Bedeutung der Höhle überhaupt als dem eigentlichen Wohnraum des Menschen schlechthin, so, als müsse der Mensch irgendwann dorthin zurückkehren, von wo er einmal vor Hunderttausenden von Jahren aufgebrochen war.

Während er so redete, betrachtete ich sein langes, graues Gesicht, in dem scheinbar nur noch die Augen jung geblieben waren. Und auf einmal tat er mir leid, weil er seine ganze Kraft in ein so hoffnungsloses Unternehmen gesteckt hatte und weil er sich immer weiter von uns entfernte und uns immer fremder wurde. Und während mir solche Gedanken durch den Kopf gingen, dachte er laut über irgendwelche Höhlentunnel und Fundschichten nach, bis er merkte, daß ich gar nicht zuhörte, und er verstummte, stand auf und verließ wortlos den Platz.

62

Ich öffne das Fenster.

Die Luft, die nach Morgen schmeckt.

Der Lärm der Sperlinge, wie wenn Silberketten aneinanderschlagen.

Der Tisch. Die Flaschen. Die Bücher.

»Die Badischen Fundberichte«. Ettighoffers »Großes Gericht«. Eine Broschüre mit Anweisungen für Angina-pectoris-Patienten. Eine Einladung zum Schaffhauser Archäologentreffen auf der Munotzinne. »Die Hochzeit des Figaro«, Komische Oper in zwei Akten.

Die »Sirene«, die Zeitschrift für Luftschutz und Tarnung.

In der Zeitschrift versteckt diese braune, unscheinbare Karte. Abgestempelt fünf Jahre später. Eine saubere, angestrengte Handschrift.

Adressiert an den »Herrn Doktor«.

Den Glücklichen.

»Erlaube ich mir anläßlich einer Geschäftsreise, die mich in Ihre Nähe führt, Ihnen einen kurzen Besuch abzustatten, sofern es Ihnen recht ist...«

Es war der Hauptmann, der jetzt nach dem Krieg als Hemdenvertreter sein Geld verdiente.

Ein paar Tage später stand er mit seinem klapprigen Opel vor dem Haus. Ein mittelgroßer, kräftiger Mann, mit dem man, so schien es, vertrauensvoll Geschäfte abschließen konnte.

Er war nicht gekommen, um Geschäfte abzuschließen. Er wollte den Glücklichen wiedersehen, den Herrn Doktor, wie er ihn nannte.

Er blieb nicht lange.

Der Glückliche war mit anderen Dingen beschäftigt.

Der Hauptmann fuhr mit seinen Hemden nach Blumberg weiter. Da ich dort zu tun hatte, nahm er mich mit.

Er war nicht beleidigt, daß der Glückliche sich so brüsk verhalten hatte. Im Gegenteil: Er wußte nur Gutes über den Glücklichen zu sagen. Über seine Klugheit, seinen Mut, seine Kameradschaftlichkeit, seine Güte, seine nie versiegende Zuversicht.

Er lud mich zu einem Bier ein.

Er erzählte von den Ardennen.

Er hatte gleich gemerkt, daß ich nichts wußte.

Er erzählte von der Flucht.

Ich ahnte, was kommen würde. Ich hätte aufstehen können. Wozu? Es war, als hätte ich alles schon gehört. Ich war nicht überrascht. Vielleicht enttäuscht. Er sprach wie über einen Geschäftsabschluß. Er beschrieb den Regen, den Wald, den Hunger, die Angst, die Aussichtslosigkeit und die wilde Entschlossenheit zu überleben.

Er konnte gut reden, man konnte schlecht weghören.

Er erzählte von der Falle, in die sie beinahe gelaufen wären, von der Flucht in den Abgrund, von der Hütte und der Handvoll Waldarbeiter.

»Es war eine sehr abgelegene Hütte, und die Leute schienen arglos. Der Herr Doktor sprach mit ihnen, weil er der einzige war, der Französisch konnte. Wir sahen gleich, daß sie keine Waffen hatten, nur zwei Messer fanden wir und ein kleines Beil, mit denen man Hühner köpft. Wir tranken mit ihnen Schnaps; es war fast wie unter Brüdern.«

Der Hauptmann zündete sich eine Zigarette an.

»Bis wir merkten, daß einer von ihnen fehlte.«

Der Hauptmann sah sich um, als suche er den Davongelaufenen.

»Es war kein Zweifel, daß er sich davongemacht hatte, die Partisanen waren ja nicht weit.«

Er machte eine Pause, streifte die Asche ab und dachte nach.

»Die nächtlichen Märsche durch die Wälder, das Versteckspiel am Tag, die Kälte, der Hunger, wir konnten nicht mehr, und dann diese Hütte wie die letzte Zuflucht. Verstehen Sie?«

Ich versuchte es.

Der Hauptmann sah mich an.

»Daß Sie mich nicht mißverstehen. Ich will nichts rechtfertigen, nichts entschuldigen. Ich will Ihnen auch nichts erklären. Wozu? Sie haben mit der Sache nichts zu tun, und was Ihren geschätzten Herrn Vater angeht, auch er hatte damit nichts zu tun, nicht direkt jedenfalls.«

Der Hauptmann sah einen Augenblick ratlos durch den Gastraum.

Warum erzählte er mir das alles?

»Ich frage mich«, fuhr der Hauptmann fort, »ich frage mich, warum er Ihnen nie davon erzählt hat.«

»Weil er glaubte, daß der Krieg ein Unternehmen sei, aus dem man mit sauberen Händen zurückkehrt.«

Der Hauptmann nickte.

»Ich weiß«, erwiderte er, und zum ersten Mal lächelte er.

Dann sah er auf die Uhr und winkte der Serviererin.

Er senkte die Stimme, als verrate er ein Geheimnis.

»Jedem Menschen ist die Fähigkeit gegeben zu töten, jedem, selbst einem Menschen wie Ihrem Herrn Vater.«

»Aber er hat doch gar nicht getötet«, rief ich.

Der Hauptmann sah sich erschrocken um.

»Um Gottes willen«, flüsterte er.

Dann kam die Serviererin, und er zahlte, und als wir draußen vor dem Gasthaus standen, war er wieder der unbefangene, joviale Hemdenverkäufer.

Er gab mir die Hand.

»Ihren Herrn Vater«, sagte der Hauptmann, und es klang ehrlich, »habe ich immer sehr geschätzt, das müssen Sie mir glauben, auch wenn wir nicht immer einer Meinung waren. Grüßen Sie ihn bitte.«

63

Seit die Bahn wieder fuhr, fuhr Franziska jeden zweiten oder dritten Tag in die Stadt hinunter. Oft blieb sie über Nacht. Sie trug ihre leichten, hellen Sommerkleider, und Julia sagte, daß sie von Tag zu Tag schöner werde. Wenn sie nach Hause kam, schien sie voll süßer Geheimnisse, dabei kam sie doch nur aus einer zerbombten Stadt.

»Ich glaube, wir sind jetzt französisch«, sagte Julia eines Tages. Aber genausogut konnten wir auch amerikanisch oder englisch oder gar nichts sein, ohne Beamte und Steuereintreiber und Ortsgruppenleiter und Kreisleiter, und manche meinten, daß man auch auf den Bürgermeister verzichten könne. Nur die Stellung des alten Hodel wurde nicht in Frage gestellt, weil ein gewisses Maß an Ordnung ja sein muß und sich jemand um die Herumtreiber und Zigeuner und Landstreicher und Hühnerdiebe kümmern mußte. Auch auf den Ausrufer wollte niemand verzichten, der, wie immer, am Samstagabend mit der Schelle in der Hand durchs Dorf zog, wenn die Leute die Straße kehrten.

Ich hatte damals viel Zeit, und nie fühlte ich mich freier als in jenen Tagen. Es hieß, daß die Schule bald wieder geöffnet werde, aber das war wenig wahrscheinlich, weil die Lehrer von der Front noch nicht zurück waren oder auch nie zurückkehren würden, und andere standen nicht zur Verfügung.

Aber dann gab es ja auch noch Wichtigeres als die Schule. Zum Beispiel, wenn der Filmvorführer mit seinem Filmwagen auftauchte. Es war der gleiche Filmvorführer, und es waren die gleichen Filme, und mit der gleichen Neugier und Anteilnahme sahen sich die Leute die Filme an, die man doch schon einmal gesehen hatte.

Der Glückliche war inzwischen weiter in seine Höhle vorgedrungen, aber die Arbeit war mühselig.

Ich ging einige Male mit ihm, half ihm beim Spachteln und Graben, und so spannend ich die Arbeit am Anfang fand, so sehr ödete sie mich später an. Es war ja auch kein Erfolg zu sehen, und wir kamen kaum voran. Aber den Glücklichen schien es nicht zu stören. Wie ein Maulwurf grub er sich in seine Höhle vor, so, als liege dort der Schlüssel für die Lösung aller Fragen.

Dann geschieht es, daß Franziska an einem Sonntagnachmittag unter der Tür steht in ihrem selbstgeschneiderten Reisekostüm, den Koffer in der Hand.

Der Glückliche und ich sitzen am Tisch und starren sie an, als wäre sie eine andere.

Nie habe ich einen entschlosseneren Menschen gesehen.

»Ich gehe«, höre ich noch heute diese Stimme sagen, halblaut und unbeirrbar und von weit herkommend.

Da richtet sich der Glückliche für einen Augenblick auf, blickt fragend auf Franziska, dann auf mich, als habe er nicht verstanden, und er hat ja auch nicht verstanden, rührt sich immer noch nicht, als Franziska schon die Tür hinter sich geschlossen hat.

Ich lief ihr nach.

Vor dem Haus blieb ich stehen.

Ich schämte mich meiner Angst.

Sie würde wiederkommen.

Ganz sicher würde sie wiederkommen.

Vielleicht würde sie diesmal ein paar Tage länger wegbleiben, aber sie würde wiederkommen, wie sie immer gekommen war, und ich redete es mir so lange ein, bis ich zum Dorf hinaufrannte und auf dem leeren Bahnhofsplatz stand und die Erde sich zu drehen anfing.

Am Abend, als ich im Bett lag und nicht schlafen konnte, klopfte es an die Tür, aber ich wollte ihn nicht sehen, wollte niemanden sehen, wollte allein sein in meinem Elend, von dem ich glaubte, daß es mich nie mehr verlassen würde.

Dann hörte ich seine Stimme, diese vertraute, tröstliche, trügerische Stimme.

»Es ist ein Mißverständnis, glaub mir, es wird sich alles noch einmal zum Besten wenden, du brauchst nicht traurig zu sein, es wird alles gut werden, ach, es wird alles noch viel schöner werden, als es je war, du wirst schon sehen . . .«

Und also malte er mir die Zukunft in den schönsten Farben aus und hätte vielleicht bis zum Morgen so weitergemacht, wenn ich nicht dabei eingeschlafen wäre, aber nicht abrupt, sondern langsam hinüberdämmernd, begleitet von den Schalmeien des Glücklichen, von Franziskas ferner Stimme, vom abendlichen Gurren der Tauben. Doch einmal kehrte Stille ein, und die Vögel schwiegen und die Stimmen schwiegen, und ich spürte nichts für eine ganze Weile, keine Angst, keine Sehnsucht, keine Trauer.

64

Der spätmorgendliche Sonnenstrahl, der das Lesezimmer in zwei Hälften teilt, das nahe Tuckern eines Traktors, der Kaffeeduft, der durchs Haus zieht.

Unter der Tür: Julia.

Sie schüttelt den Kopf.

»Seit wann schläft man in Stühlen?«

»Ich habe gar nicht geschlafen.«

»Sie haben geträumt«, ruft Julia, »Sie sind ja noch nicht einmal richtig da. Ich werde Ihnen jetzt das Frühstück machen, und dann legen Sie sich hin, aber richtig.«

Und schon ist sie weg.

Ich bin müde, aber ich fühle mich nicht schlecht.

Ich gehe ins Bad, ich stelle mich unter die heiße Dusche, ich singe.

Was mir zum Glück noch fehlt, ist ein frisches Hemd.

»Weiß Gott, was Sie da alles zusammengeträumt haben«, sagt Julia und schiebt mir den Brotkorb hin.

Ich schenke mir ein.

Die sommerlichen Feldblumen auf dem Kaffeetisch, die endlosen Nachmittage am Bahnrain, die Rauchfahne der einfahrenden Lokomotive, die Einsamkeit.

Habe ich das alles nur geträumt?

Hinterm Kamm hört man eine zweimotorige Maschine aufsteigen.

Der Flugplatz.

Vielleicht hätte ich ihn mir doch anschauen sollen.

»Marius«, sage ich, »haben Sie ihn ein einziges Mal lachen hören?«

Julia wirft mir einen erstaunten Blick zu.

»Wie kommen Sie denn darauf?«

»Ich habe ihn nie lachen hören.«

»Vielleicht besuchen Sie ihn doch einmal«, meint Julia, »am besten abends, wenn er seine Spaziergänge macht.«

»Er überprüft das Gelände auf seine Verteidigungsfähigkeit«, spotte ich.

»Er ist immer gern gewandert und ist zweiter Vorsitzender im Schutzbund Randener Wald.«

»Schutzbund?«

Julia blickt mich an.

»Was finden Sie daran so komisch?«

Ich gieße mir den Rest Kaffee ein.

»Warten Sie«, sagt Julia und verschwindet mit dem leeren Kaffeetopf.

Ich betrachte die Titelseite der Zeitung, die neben dem Brotkorb liegt. Ich warte auf Julia und auf den Kaffee.

Wenn ich auf etwas nicht verzichten kann, dann ist es der Kaffee.

Franziska war eine große Kaffeetrinkerin vor dem Herrn. Auch ihr Vater, der Alte, trank gern und viel Kaffee. Am Ende lebte er nur noch von Kaffee und Zigarren. In der Nacht, in der ihn das Zeitliche segnete, soll er noch eine Havanna geraucht haben. Er starb im Schlaf. Nur Tante Ottilie war bei ihm. Franziska war gerade in Zürich oder Stuttgart oder was weiß ich wo. Sie war untröstlich. Sie ließ ihm einen Grabstein aus Alabaster mit einem Vers von Shakespeare aufs Grab stellen. Altmodisch, aber eindrucksvoll.

Julia mit dem gefüllten Kaffeetopf.

Das Tuckern eines Traktors.

»Gern hätte ich den Bury noch einmal gesehen«, sage ich zu Julia.

»Ja, auf dem Friedhof«, erwidert Julia.

»Wo auch immer«, sage ich.

»Einen Traktor hat er nie besessen, dafür aber ein Pferd.«

»Ein Pferd, das am Ende nicht einmal stehen konnte, so alt und lahm war es, aber statt es dem Pferdemetzger zu bringen, tat er, als sei es noch zu allem Möglichen gut.«

»Er hatte etwas gegen Traktoren, und er mochte Pferde, auch solche, die zu nichts mehr taugten.«

Auf dem Fenstersims sitzt ein Spatz, der uns beobachtet.

»Dugard«, rufe ich, »er hieß Dugard.«

Es ist mir, als hätte ich eine wichtige Entdeckung gemacht.

»Dugard, wer ist Dugard?«

»Der Flieger, der Aufklärer, der Herr der Lüfte, der hier herumspionierte, unser Capitaine, der die Insel rettete.«

Julia betrachtete mich mit schiefem Kopf.

»Welche Insel?«

»Une île du bonheur illusiore.«

Julia erhebt sich.

»Ich werde jetzt nach oben gehen und Ihnen das Bett zurechtmachen, damit Sie sich noch ein wenig hinlegen können. Sie haben ja überhaupt nicht geschlafen.«

Julia, wie besorgt sie um einen ist ein Leben lang.

»Daß Sie sich keine unnütze Arbeit machen, in einer Stunde bin ich auf der Autobahn.«

Später, wie ich zur Tür gehe, sehe ich dieses kleine unscheinbare Bild zwischen Flur und Treppenaufgang. Ich hatte es vorher nicht bemerkt.

Ein Paar in einer Allee.

Ich bleibe vor dem Bild stehen.

Eine Allee mit kahlen Bäumen, Blätter auf dem Weg, das Paar mit dem Rücken zum Betrachter.

Ich zünde mir eine Zigarette an.

»Warum hat er sie nicht festgehalten!«

»Wie«, wundert sich Juia, »soll man einen Menschen festhalten, der schon auf dem Weg ist?«

»Er hat es nicht einmal versucht. Außerdem brauchte er sie.«

»Ach, seien Sie nicht so naiv«, ruft Julia, »er brauchte seine Arbeit, das brauchte er.«

Seine Arbeit!

Das Zusammenlesen von vorzeitlichen Hinterlassenschaften.

Wollte er nicht am Ende den ganzen Randen unter Denkmalschutz stellen?

Julia, die mich ohne Verständnis betrachtet.

Die Treppe, die Tür, der Kiesweg.

Der Blick aufs Haus.
Julia, die hinter mir steht.
Was findet sie nur an dem Haus!
Es ist Zeit, und ich gehe zur Gartentür, die immer noch die gleiche ist, nur frisch gestrichen. Ich steige in den Wagen. Julia, die im Rückspiegel immer kleiner und undeutlicher wird, die eins wird mit der Gartentür, dem Garten, dem Haus.

Nicht ein einziges Mal hat sie du zu mir gesagt.

Es muß an mir liegen.

Dann habe ich es plötzlich eilig. Die Geschäfte. Ein Prozeßtermin.

Ich beginne, den Fall durchzugehen. Spätestens bei der ersten Autobahnraststätte werde ich wissen, was zu tun ist.

Ich fahre durch.

Es scheint, als sei ich eine ganze Weile aus der Welt gewesen, und *diese* Welt erscheint in einem andern Licht.